Familienproblem Alkohol

Wie Angehörige helfen können

Von

Sylvia Berke

Schneider Verlag Hohengehren GmbH

Umschlaggestaltung: Regina Herrmann, Esslingen

Zeichnungen in Kapitel II: Günter Naujok / Waldkappel und
Giuseppe Pitta / Freudenstadt

Gedruckt auf umweltfreundlichem Papier (chlor- und säurefrei hergestellt).

Bibliografische Information der Deutschen Nationalbibliothek

Die Deutsche Nationalbibliothek verzeichnet diese Publikation in der Deutschen Nationalbibliografie; detaillierte bibliografische Daten sind im Internet über ›http://dnb.d-nb.de‹ abrufbar.

ISBN: 978-3-8340-0411-6 – **3. unveränderte Auflage**

Schneider Verlag Hohengehren, D-73666 Baltmannsweiler

Homepage: www.paedagogik.de

Printed in Germany – Druck: Djurcic, Schorndorf

Inhaltsverzeichnis

Vorwort 1

Kapitel I
Suchtkrankheit – was ist das?

Suchtkrankheit – was ist das? 4

Eine kleine Ursachendiskussion 11

Wofür ist Alkohol gut? – Funktionen des Trinkens 19

Alkohol: besser als jede Psycho-Pille? 24

Ein Mensch verändert sich 26

Schleichende Veränderungen in Wahrnehmung, Fühlen, Denken und Verhalten 26

Abwehrmechanismen – Warum Sucht die einzige Krankheit ist, die zuerst den anderen wehtut! 29

Scham und Schuld – Gefühle zum Davonlaufen 38

Kapitel II
Süchtig & Co – die Angehörigen sind mitbetroffen!

Auch die Angehörigen verändern sich
Suchtkrankheit – eine ansteckende Krankheit? 44

Sucht und Familie – Die Geschichte der Familie Üblich 49

Langfristige Folgen für co-abhängige Angehörige 64

Besonderheiten der Suchtkrankheit bei Frauen 69

Der Weg hinaus 73

Wegweiser zur Selbsthilfe 73

Der Froschkönig – Und wie er von einer ungehorsamen Prinzessin erlöst wurde 84

So finden Sie Hilfe 88

Sucht im Alter – Was Angehörige wissen sollten! 95

Kapitel III
Achtung, Rückfall!

Abstinenz als Lebensweg – Stolpern inbegriffen? 102
Was ist ein Rückfall? 103
Verschiedene Rückfallarten 104
Rückfallursachen 113
Was tun? 123
Faustregeln für ein gesundes (Zusammen-)Leben jenseits der Sucht 127

Literaturverzeichnis 128

Adressen der Suchthilfe 130

Vorwort

Wenn Suchtkrankheit in eine Familie einzieht, verändert sich nach und nach alles. Unter diesen Veränderungen leiden die Angehörigen am meisten. Sie kämpfen oft jahrelang um ihre Kranke oder ihren Kranken, gegen ihre oder seine Uneinsichtigkeit und die Zerstörung der Familie. Sie bewegen sich ständig an der Grenze ihrer Belastbarkeit und nehmen oft ihre eigenen Bedürfnisse gar nicht mehr wahr.

Erkennen Sie sich in dieser Beschreibung wieder?

Dieses Buch wendet sich an Partnerinnen und Partner, an erwachsene Kinder und an andere Angehörige von Alkoholabhängigen. Erfahrungen aus meiner jahrelangen ambulanten und stationären Arbeit mit Suchtkranken und ihren Familien sind ebenso eingeflossen wie persönliches Mit-Betroffensein im Familien- und Freundeskreis.

Heute arbeite ich in einer Fachklinik für abhängigkeitskranke Männer. Auch in den Beispielen kommen häufig weibliche Angehörige und männliche Alkoholabhängige vor. Die umgekehrte Konstellation – weibliche Abhängige und ihr Umfeld – unterscheidet sich in manchen Punkten. Ein Großteil der Informationen lässt sich jedoch auf ihre ganz spezielle Situation übertragen. Unterschiede habe ich nochmals separat dargestellt.

In einem eigenen Abschnitt gehe ich auf die spezielle Problematik trinkender Senioren und Seniorinnen ein, die Sie als Angehörige ebenfalls betreffen kann.

Als Angehörige oder Angehöriger müssen Sie oft trotz Ihrer Bemühungen ohnmächtig zusehen, wie die Situation für alle Beteiligten nur noch schlimmer wird. Vielleicht auch gerade wegen ihrer Bemühungen!

Wirkliche Hilfe für Suchtkranke sieht tatsächlich anders aus als die Hilfe, die man üblicherweise und gerne leistet. Für die Angehörigen beginnt sie in der Regel damit, sich selbst zu helfen – und auch, sich helfen zu lassen. Der Weg hinaus ist durchaus machbar: Es darf wieder gelebt werden! Dazu möchte dieses Buch beitragen.

Im ersten Kapitel erfahren Sie Grundsätzliches über die Alkoholkrankheit und die typischen Auswirkungen auf die Betroffenen. Das zentrale zweite Kapitel möchte Ihnen aufzeigen, was mit den Angehörigen einschließlich der Kinder durch die Suchtentwicklung geschieht, und vor allem: wie Sie sich als Angehörige oder Angehöriger aus der ungesunden Verstrickung und Ohnmacht befreien. Es geht darum, dass Sie Ihren klaren Blick, Ihre gesunden Einstellungen und die eigene Handlungsfähigkeit zurückgewinnen. Sie erfahren, wo Sie dafür effektive Unterstützung bekommen. Erst anschließend kann den direkt Betroffenen wirklich geholfen werden, und dies wird hier ebenfalls aufgezeigt.

Das dritte Kapitel macht Sie mit dem Hauptsymptom der Suchtkrankheit bekannt, der Möglichkeit eines Rückfalls. Es erläutert typische Rückfallgefahren, ihre Verhütung und den sachgerechten Umgang mit Rückfälligkeit. Das Kapitel zeigt außerdem auf, wie Sie ihren Angehörigen oder Ihre Angehörige sinnvoll auf dem Weg dauerhafter Abstinenz begleiten können, ohne in altes Fahrwasser zu geraten.

Dazu wünsche ich Ihnen viel Erfolg!

Kapitel I

Suchtkrankheit – was ist das?

Dieses Kapitel möchte Ihnen helfen:

- ☞ Suchtkrankheit zu erkennen
- ☞ Zusammenhänge zu begreifen
- ☞ Suchtkranke besser zu verstehen
- ☞ die Auswirkungen der Krankheit zu kennen

Suchtkrankheit – was ist das?

Wenn Sie dieses Buch in die Hand genommen haben und nun darin blättern, dann machen Sie sich vermutlich ernsthaft Sorgen um das Trinkverhalten eines Menschen, der Ihnen nahe steht.

Vielleicht sind Sie sich auch noch gar nicht sicher, ob er überhaupt ein Problem hat, das Ihre Sorgen rechtfertigt. In jedem Fall wollen Sie mehr wissen – über Alkoholismus, seine Folgen für den Betroffenen, die Familie und Sie selbst und über alles, was Sie zur Lösung dieses Problems beitragen können.

In der Bundesrepublik Deutschland soll es je nach Erhebungen zwischen **2,5 und 3,5 Millionen alkoholkranke Menschen** geben, das heißt 3–5 % der Bevölkerung sind direkt betroffen. Dabei lasse ich den noch viel höheren Prozentsatz außer Acht, der in problematischer Weise trinkt und als hochgradig gefährdet anzusehen ist.

Zählt man noch alle die Menschen dazu, die zumindest **als nächste Angehörige mitbetroffen** sind, also im Durchschnitt vielleicht noch drei Personen zu jedem Kranken, so kommen wir auf mindestens **12 Millionen Menschen**, die **direkt** oder **mittelbar** vom Alkoholismus **betroffen sind.**

Als Angehörige oder Angehöriger stehen Sie mit diesem Problem also keinesfalls alleine da!

Wie zeigt sich Abhängigkeit?

Da Alkoholkonsum allgemein üblich und Alkohol überall und jederzeit verfügbar ist, stellt sich die Frage, wann denn nun ein Mensch die kritische Grenze vom normalen Trinkverhalten zum abhängigen Trinken überschritten hat.

Bei den harten Drogen, wie zum Beispiel bei Heroin, scheint der Beginn der Abhängigkeit für den Betroffenen oft ganz klar spürbar zu sein. Zumindest habe ich von Drogenabhängigen gehört, dass es nach dem ersten, zweiten oder soundsovielten Konsum gewesen sei, dass sie von dem Suchtmittel nicht mehr hätten lassen können.

Ich spreche hier aber hauptsächlich von Alkohol, also von einer so genannten „weichen“ Droge, und da sieht es fast nie so klar aus. Der Beginn ist meistens schleichend, die Entwicklung hin zur Suchterkrankung verläuft wesentlich langsamer und erstreckt sich über Jahre. Der Übergang vom kontrollierten zum abhängigen Trinken bleibt deshalb häufig unbemerkt.

Betroffene sind oft der Meinung, sie seien nur dann vom Suchtmittel abhängig, wenn sie es entweder nicht lassen könnten, oder aber, wenn sie nach dem Absetzen körperliche Entzugssymptome bekämen.

So machen viele die Probe aufs Exempel und setzen kurzfristig aus. Sie trinken ein paar Tage, Wochen oder sogar Monate nichts – vielleicht, um es sich selbst und anderen zu beweisen, vielleicht für die anstehende Untersuchung beim Betriebsarzt. Ist ihnen dies gelungen und ist dann außerdem „nichts passiert“, kann man sich mit gutem Gewissen wieder ans Trinken machen, denn so kann ja wohl keine Abhängigkeit aussehen.

Doch leider ist das **ein Irrtum!**

Suchtkrankheit oder Abhängigkeit, wie die Weltgesundheitsorganisation dieses Krankheitsbild seit ein paar Jahren bevorzugt bezeichnet, kann sich auf ganz unterschiedliche Weise zeigen:

So können Menschen nicht nur von den **unterschiedlichsten Stoffen** abhängig werden, sie können sogar die meisten Symptome einer Suchtkrankheit aufweisen, **ohne konsumierbare Stoffe** zu benötigen. Das gilt zum Beispiel für die Spielsucht, die die Existenz ganzer Familien zerstören kann, bei der der Betroffene jedoch überhaupt nichts zu sich nehmen muss, es sei denn, es bestünde zusätzlich eine Alkoholabhängigkeit.

Auch zu **Menge** und **Regelmäßigkeit** des Konsums kann man nichts allgemein Gültiges feststellen. Manche Suchtkranke konsumieren ihr Suchtmittel regelmäßig, manche in größeren Abständen. Einige nehmen es in rauen Mengen zu sich, andere hingegen haben gar keinen so übermäßigen Verbrauch. Manche konsumieren bis zum Rausch und zur Besinnungslosigkeit, andere funktionieren nach außen hin und auf ersten Blick ganz unauffällig. Einige Betroffene trinken viele Jahre enorme Mengen und weisen trotzdem nach Absetzen des Suchtmittels keinerlei **Entzugssymptome** auf. Andere haben gar nicht so lange und so unmäßig konsumiert und dennoch zeigen sich bei ihnen schon verschiedene **körperliche Auswirkungen**.

Fazit: Suchtkrankheit kann sehr verschieden aussehen. Auch ein gelungener Versuch, eine vorab festgelegte Zeit ohne Alkohol zu schaffen, besagt noch nicht, dass jemand gesund und nicht abhängig ist.

Woran können Sie die Erkrankung Ihres Angehörigen erkennen?

Die zwar pauschale, aber griffigste Antwort auf diese Frage erscheint mir die folgende:

Ihr Angehöriger hat
Probleme mit Alkohol,

↙ ↘

wenn er **Probleme ohne Alkohol hat** oder aber wenn er **Probleme wegen Alkohol hat.**

1. Probleme „ohne“:

Bei regelmäßigem Alkoholkonsum „verträgt“ man immer mehr, benötigt allerdings auch immer mehr, um die gleiche Wirkung zu erzielen („Toleranz-Steigerung“). Der Organismus, insbesondere das Nervensystem, gewöhnt sich daran, nur noch mit seinem üblichen Quantum Alkohol „normal“ zu funktionieren.

So kann sich eine **körperliche Abhängigkeit** entwickeln. Der Kranke wirkt im Alltag dann oft gar nicht betrunken, sondern eben „normal“. Sinkt der (Blutalkohol-) Spiegel, weil der Nachschub ausbleibt oder zu gering ist, kommt es zu typischen **Entzugssymptomen**.

Leichte Entzugsbeschwerden, die manche Abhängige fast jede Nacht, am frühen Morgen oder vor der Mittagspause durchmachen, äußern sich zum Beispiel durch

- Unruhe,
- Händezittern,
- Schweißausbrüche,
- Magen-Darm-Beschwerden
- und Schlafstörungen.

Schwere Entzugsbeschwerden, die lebensgefährlich werden können und umgehend in ärztliche Behandlung gehören, sind

- der Krampfanfall und
- das Delirium.

Beim Krampfanfall fällt der Betroffene plötzlich besinnungslos um und verkrampft sich am ganzen Körper, manchmal mit Zuckungen. Neben Einnässen und Einkoten kommt es häufig zu üblen Zungenbissen. Damit er nicht am Blut aus der Bisswunde oder an Erbrochenem erstickt, muss der Krampfende als Erstes in eine stabile Seitenlagerung gebracht werden. Dann ist sofort ärztliche Hilfe zu holen. Nach dem Aufwachen erinnert sich der Betroffene an nichts mehr.

Das Delirium ist ein Verwirrungszustand. Der Betroffene ist desorientiert, zum Beispiel weiß er Zeit und Ort nicht mehr und spricht wirr, hat zum Teil beängstigende Halluzinationen und handelt „verrückt". Um Schaden abzuwenden, muss der Kranke sofort in ärztliche Behandlung. Da ohne Überwachung und Medikamente früher zirka 20 % der Deliranten starben, andere nur mit Hirnschäden davonkamen, ist ein Krankenhausaufenthalt unumgänglich.

Beachten Sie:

Für die Diagnose **„Alkoholismus"** ist die **körperliche Abhängigkeit nicht nötig**. Ein großer Teil der Abhängigen berichtet, noch nie Entzugssymptome bemerkt zu haben.

Aber:

Wer körperlich abhängig ist, hat praktisch immer schon vorab eine seelische Abhängigkeit entwickelt.

2. Problem „wegen":

Wohl niemand bekommt wegen eines einmaligen feuchtfröhlichen Ausrutschers Schwierigkeiten. Wenn Ihr Angehöriger aber wegen des Trinkens in einem der folgenden Bereiche Probleme bekommt, dann hat er wahrscheinlich eine **seelische Abhängigkeit** entwickelt:

- Gesundheit
- psychische Verfassung
- Beziehungen
- Arbeit
- Führerschein
- Finanzen

Denn dann hatte er vermutlich bereits über einen längeren Zeitraum hinweg **öfter** und **mehr** getrunken, als er eigentlich wollte, und dies auch zu offensichtlich **unpassenden Gelegenheiten**, zum Beispiel wenn er noch mit dem Auto heimfahren musste, oder wenn er am nächsten Tag voll leistungsfähig und ohne Restalkohol zur Arbeit hätte erscheinen müssen.

Kontrollverlust nennt man dieses Phänomen, wenn jemand nach Trinkbeginn nicht mehr willentlich aufhören kann.

Der Abhängige kann dem unwiderstehlich erscheinenden Drang zum Trinken nicht mehr mit seinem Willen gegensteuern und ist überzeugt, den Alkohol zu brauchen. Er trinkt dann weiter, bis oder obwohl er in den verschiedensten persönlichen, beruflichen und sozialen Bereichen Schwierigkeiten bekommt. Mit anderen Worten: obwohl oder bis die Partnerschaft nicht mehr funktioniert, echte Freundschaften durch unverbindliche Tresenbekanntschaften abgelöst werden, Vorgesetzte Ausfallzeiten oder nachlasssende Leistung kritisieren und der Hausarzt wegen ständig erhöhter Leberwerte mahnt.

Achten Sie darauf, ob Ihr Angehöriger zunehmend unzuverlässig wird, nachlässig in seinen alltäglichen Verpflichtungen, zunehmend schludert mit Geld, Rechnungen, Behördengängen und so weiter. Wird die Beziehung zu ihm immer schwieriger, werden seine Gedanken und seine Stimmungen zunehmend negativ, schwankend oder extrem? Ob er depressiv oder überdreht, voller Selbstzweifel oder überkritisch, aufbrausend oder rechthaberisch wird, in jedem Fall sind ihm oft Maß und Ausgewogenheit verloren gegangen. Manche Abhängige stemmen sich allerdings auch so verzweifelt gegen diese Entwicklung, dass sie im Gegenteil zu „Hundertfünfzig-Prozentigen“ werden und bis zur Erschöpfung allen Erwartungen gerecht zu werden versuchen. Fragen Sie auch bei Ihrem Hausarzt nach, wie weit körperliche Beschwerden Ihres Angehörigen Folgen des Trinkens sind und ob er seinen Patienten nicht eventuell schon mehrfach darüber informiert hat. Magenprobleme, Gichtanfälle, Bluthochdruck, Bauchspeicheldrüsenentzündungen, Veränderungen der Leber, Wassereinlagerungen in Bauch und Beinen, Gefühlsstörungen an Händen und Füßen und Impotenz können typische gesundheitliche Folgen sein.

Beachten Sie:

Die seelische Abhängigkeit ist zunächst schwer zu erkennen, sie ist aber der wichtigere und auch problematischere Aspekt der Erkrankung!

Damit ist schon angesprochen, dass Suchtkrankheit oder Abhängigkeit kein ausschließliches Problem des Körpers ist. Suchtkrankheit erfasst den Menschen ganzheitlich, das heißt, sie erfasst ihn sowohl **körperlich** als auch **seelisch**, sie verändert sowohl sein **Denken** wie auch sein **Fühlen** und sogar sein **Verhalten**. Und damit kann folgerichtig geschlossen werden, dass Suchtkrankheit auch alle **Beziehungen** des betroffenen Menschen verändert, sowohl seine Beziehung und Einstellung zu sich selbst als auch die zu seinen nahen und ferneren Mitmenschen.

Wenn Sie sich nun immer noch unsicher sind, ob Ihr Angehöriger alkoholabhängig ist oder nicht, so können Sie noch den unten angeführten Fragenkatalog zur weiteren Klärung nutzen. Dieser Fragenkatalog ist ein anerkanntes und in Kliniken üblicherweise genutztes Hilfsmittel, um über die Diagnose weitere Klarheit zu bekommen. Er wendet sich an den Betroffenen selbst. Vielleicht können Sie ihn ja mit Ihrem Angehörigen gemeinsam durcharbeiten. Interessant sind dabei auch die mitunter recht unterschiedlichen Einschätzungen.

Es handelt sich um die Checkliste nach dem DSM-III-System, einem aus den USA übernommenen Diagnoseschema. Um die Alkoholabhängigkeit zu diagnostizieren, müssen **drei der aufgeführten Symptome** festzustellen sein.

Alkoholabhängigkeit und Alkoholmissbrauch

	Verdacht Nein	/	Ja
(1) Alkoholkonsum oftmals in *größeren Mengen* oder über einen *längeren Zeitraum* als beabsichtigt	☐	☐	☐
(2) Anhaltender *Wunsch* oder *erfolglose(r) Versuch(e)*, den Alkoholkonsum zu verringern oder zu kontrollieren	☐	☐	☐
(3) Starkes *zeitliches Beschäftigtsein* mit Alkohol (z. B. Alkohol beschaffen, konsumieren, sich von den Folgen erholen)	☐	☐	☐
(4) Häufig *betrunken* oder *im Entzug*, wenn eigentlich die Erfüllung beruflicher oder sozialer *Verpflichtungen* erwartet wird, oder häufig Alkoholkonsum mit körperlicher Gefährdung (z. B. Trunkenheit am Steuer)	☐	☐	☐
(5) Aufgabe oder Einschränkung wichtiger Aktivitäten (sozial, beruflich, Freizeit) wegen Alkoholtrinkens	☐	☐	☐
(6) Aufrechterhaltung des Alkoholkonsums trotz des Erkennens sozialer, psychischer oder gesundheitlicher Probleme, die durch Alkohol verursacht oder verstärkt werden	☐	☐	☐
(7) Ausgeprägte Toleranzentwicklung (Verlangen nach größeren Mengen oder verminderte Wirkung bei gleicher Menge)	☐	☐	☐
(8) Charakteristische Entzugssymptome	☐	☐	☐
(9) Häufiges Antrinken gegen Entzugssymptome	☐	☐	☐

Eine kleine Ursachendiskussion

Sollten Sie bei Ihrem Angehörigen nun eine Alkoholkrankheit festgestellt haben, so wird Sie möglicherweise eine häufig gestellte Frage beschäftigen:

Welche Gründe und Ursachen gibt es für die Suchterkrankung?

Auch für diese Frage gibt es keine einfache und klare Antwort. Nach heutigem Forschungsstand gilt Suchtkrankheit als ein **multifaktoriell bedingtes Geschehen,** das heißt schlicht und einfach, dass verschiedene Bedingungen zusammen kommen müssen, damit sich diese Krankheit bei einem Menschen entwickeln kann.

Vererbung: Es ist schon lange bekannt, dass Suchterkrankungen in manchen Familien auffällig gehäuft auftreten und sich über die Generationen wiederholen, während andere Familien davon frei zu sein scheinen. Da in Familien natürlich häufig ähnliche Lebens- und Erziehungsstile vorherrschen und diese auch an die nächste Generation weitergegeben werden, ist das nicht weiter verwunderlich. Neuere Forschungen weisen jedoch auch verstärkt auf eine erbliche Komponente bei der Suchtentwicklung hin. Ob die Vererbung bestimmter Persönlichkeitszüge oder spezieller Fähigkeiten der Stress-Bewältigung eine Rolle spielt oder ob es hierbei einfach um die Vererbung einer höheren Alkoholverträglichkeit geht, ist noch unklar. Sicher ist aber: familiäre Belastung alleine genügt nicht, um eine Sucht zu entwickeln. Zu diesem möglicherweise recht wichtigen Baustein müssen immer noch viele andere Faktoren hinzukommen.

Kindheit: Störungen in der frühkindlichen Entwicklung hielten Fachleute bis vor einigen Jahren für die wichtigste Ursache der Suchtentwicklung. Basierend auf immer noch sehr brauchbaren Modellen, die gesunde frühkindliche Entwicklungen beschreiben, suchte man in der Therapie grundsätzlich nach Traumatisierungen, Defiziten und sonstigen Störungen während der ersten Lebensjahre. Für einen Teil der Kranken ergaben sich dabei durchaus hilfreiche Erkenntnisse und Behandlungsziele. Allerdings wurden die Therapeuten bei einem doch recht ansehnlichen Teil der Patienten nicht fündig, sondern trafen auf mehr oder weniger „normale" Kindheitsgeschichten.

Das Umfeld: Andere Faktoren, die zur Suchtentwicklung beitragen können, fand man dafür bei der Betrachtung gesellschaftlicher Zusammenhänge. So konnte man feststellen, dass Sucht sich umso mehr ausbreitet, je eher **Gelegenheit** den Zugriff auf Suchtmittel erlaubt und je eher der Konsumierende eine gewisse **Duldung** seines Verhaltens erfährt. Mit Duldung ist hier nicht das Gesetz oder irgendeine Betriebsordnung gemeint, sondern die Duldung und Akzeptanz innerhalb der sozialen Beziehungen. Dieses Phänomen kennen wir alle, wenn wir uns nur ein wenig umschauen:

So gibt es zum Beispiel eine ganze Reihe von Berufen oder Aktivitäten, bei denen das regelmäßige oder aber das gelegentlich maßlose Trinken von Alkohol Teil des Berufsbildes und gemeinschaftsschmiedender Rituale war (Fußball, Militär, Feuerwehr, Bau usw.). Zu bestimmten Berufsgruppen, aber auch zu bestimmten Sportarten und zu manchen Landesregionen schien der Alkohol zumindest bislang einfach dazuzugehören. Allmählich zeigen sich jedoch auch hier erste Einflüsse gesellschaftlichen Umdenkens.

Dennoch genügt auch dieses Erklärungsmodell nicht, da ja auch hierbei niemals alle Beteiligten suchtkrank werden.

Lernen durch die Wirkung: Einen anderen wichtigen Aspekt fanden die Lerntheoretiker, um die Krankheit zu erklären. So stellten sie einen ganz einfachen Zusammenhang fest, nämlich dass jeder Mensch dazu neigt, jeweils das Verhalten zu wiederholen, mit dem er Erfolg hat oder eine Verbesserung seines Wohlbefindens erreicht, dass er andererseits aber jenes Verhalten fallen lässt, das ihm in keiner Hinsicht irgendeinen Vorteil bringt.

Dieses Modell passt natürlich gut auf die Entwicklung von Abhängigkeitserkrankungen, da mit jedem Konsum eines Suchtmittels durchaus angenehme Wirkungen verbunden sind. Dass Alkohol schmeckt, entspannt und gute Laune macht, ist praktisch jedem aus eigener Erfahrung bekannt. Es ist nachvollziehbar, dass beispielsweise ein Jugendlicher, der diese Wirkung bei einer seiner ersten Feten kennen gelernt hat, sie bei nächster Gelegenheit wieder verspüren möchte und deshalb beim nächsten Fest erneut trinkt.

Ebenso kann ein beruflich stark belasteter Mensch die entspannende Wirkung des Alkohols kennenlernen und merken, dass er damit abends sehr schnell abschalten und jeden Ärger „vergessen“ kann.

Die Familie: Um so mehr gilt dieser **Lerneffekt**, wenn dieser Jugendliche vielleicht schon von Kindheit an beobachten konnte, dass seine erwachsenen Bezugspersonen Alkohol systematisch einsetzten, um sich besser zu fühlen. Da er sich ja in erster Linie an seinen Eltern und nächsten Angehörigen orientieren muss, lernt er hier möglicherweise schon sehr früh, dass Alkohol dazugehört, wenn man feiern möchte, wenn man Ärger und Anspannung loswerden möchte oder wenn man sich am Sonntagnachmittag vor dem Fernseher langweilt.

Dennoch gilt auch bei diesem Erklärungsmodell, dass fast alle Menschen unserer Umgebung etwas von dieser Lernspirale erfahren haben, sie aber dennoch nicht zu einem regelmäßigen oder unmäßigen Konsum ausbauen mussten.

Neurobiologische Erklärungen: Neurobiologische Suchtforscher befassen sich weniger mit den psychologischen und sozialen Ursachen der Sucht, sondern erforschen die **Auswirkungen von Suchtmitteln auf das Gehirn**. Gerade in den letzten Jahren haben sie enorme Fortschritte erzielt und können uns zwar nicht alles, aber sehr vieles zu Entstehung und Auswirkung von Suchtkrankheit erklären.

Erfreulicherweise bestätigen ihre Ergebnisse die Erfahrungen von Praktikern und Betroffenen und zeigen, dass ein Großteil der bisherigen Empfehlungen und Maßnahmen richtig war.

Leider bestätigen sie allerdings auch, dass Sucht tatsächlich mit einer schweren Erkrankung des Gehirns einhergeht, die bis auf weiteres nicht heilbar, sondern „nur" zum Stillstand zu bringen ist. Diese Erkrankung hat zunächst überhaupt nichts mit Persönlichkeit, Charakterstärke und Denkvermögen zu tun. Sie bedingt aber den **Verlust der Fähigkeit, „normal" trinken zu können**, und auch **das lebenslange Rückfall-Risiko**!

Diese biologische Sicht auf die Krankheit kümmert sich also nicht um individuelle Ursachen. Sie beschäftigt sich vielmehr damit, Veränderungen am Nervensystem zu erkennen, die mit der Krankheitsentwicklung einhergehen und die Kontrollverlust, Suchtdruck, Trinken trotz negativer Konsequenzen und Rückfall-Risiko erklärbar machen könnten.

Vor allem zwei Mechanismen in unserem Kopf scheinen sich während der Gewöhnung an Alkohol und andere Suchtmittel im Laufe der Zeit zu verändern.

Sie werden von Wissenschaftlern als Erklärungsmodelle für Sucht heiß diskutiert, allerdings auch unterschiedlich gewichtet:

Ein Mechanismus betrifft die **Anpassung der Nervenzellen an die Alkoholzufuhr**. Wir wissen alle aus eigener Erfahrung, dass Alkohol vor allem entspannt. Bezogen auf die Nervenzellen in unserem Gehirn heißt das, dass er die Reizleitung, den „Strom“, drosselt. Sie können sich das vielleicht anhand einer Lampe vorstellen, deren helles Licht Sie mit Hilfe eines Dimmers dämpfen können. Wenn es Ihnen immer noch zu hell ist, können Sie dann ja noch auf die alte Methode zurückgreifen, ein Tuch über den Lampenschirm zu legen. Je nachdem kann das recht gemütlich oder gar romantisch wirken.

Stellen Sie sich nun vor, Ihre Frau würde Ihr Hang zu Schummerbeleuchtung stören, da sie so nicht lesen kann. Hinterlistigerweise wechselt sie nun die Glühbirnen aus und schraubt solche mit höherer Wattzahl ein. Außerdem schnippelt sie unbemerkt an einigen Stellen kleine Löcher in das Tuch. Das treibt sie so lange, bis Sie den Eindruck haben, die Lampe leuchte fast wieder so hell wie zuvor.

Unser Gehirn reagiert bei fortgesetztem Alkoholkonsum ungefähr so wie diese raffinierte Gattin. Ihm gefällt unser Bemühen, künstlich für Entspannung zu sorgen, auf die Länge gar nicht. Also produziert es mehr Spannung, speist mehr „Strom“ in die Leitung ein und versucht, der Drosselung entgegen zu wirken. Dafür verändert es die Anzahl der Schaltstellen, an denen Alkohol wirkt. Das heißt, das die Nervenzellen nach längerer Alkoholgewöhnung sehr viel mehr „Schalter“ haben, die für Spannung und Erregung sorgen, aber viel weniger „Schalter“, die für Entspannung und Beruhigung sorgen.

Damit erreicht es das gleiche wie vorhin die listige Frau mit der Zimmer-Beleuchtung: **der Alkoholkranke kann bei Gewöhnung schließlich mit Alkohol fast normal funktionieren**. Er fällt der Verkehrskontrolle höchst selten damit auf, dass er Schlangenlinien fährt, geht noch regelmäßig zur Arbeit und wirkt für Außenstehende fast nüchtern.

Kritisch wird es erst, wenn er den Alkohol weglässt. So, wie wenn der Mann in unserem Beispiel plötzlich den Dimmer und das Tuch entfernen würde. Die stärkeren Birnen leuchteten nun plötzlich viel zu hell. Wahrscheinlich fänden beide das sehr unangenehm und würden sich in diesem Zimmer gar nicht mehr wohl fühlen. Beim Wegfall des Alkohols reagiert das Nervensystem genauso, es „merkt“ noch nicht, dass die Dämpfung weggefallen ist und steht jetzt zu stark unter „Strom“. Dadurch kommt es zu Unruhe, Gereiztheit und Schlaflosigkeit, zu Händezittern, Schwitzen, sogar zu Krampfanfällen und Verwirrtheits-Zuständen. Es handelt sich hierbei um schon zuvor geschilderte Entzugsbeschwerden, die nach wenigen Tagen vergehen.

Das Paar wird bald merken, dass etwas nicht stimmt und die Glühbirnen auswechseln. So stellt auch unser Gehirn an seinen Nervenzellen allmählich den alten Zustand wieder her, benötigt dafür jedoch auch nach Abklingen der akuteren Entzugsbeschwerden einige Zeit.

Die **Tendenz zu mehr Anspannung und Stressempfindlichkeit** kann deshalb **noch Monate, manchmal bis zwei Jahre erhalten** bleiben.

Vielleicht ist dies mit eine Erklärung dafür, warum die meisten Rückfälle während des ersten Jahres nach einer stationären Therapie passieren.

Diese Veränderungen an den Nervenzellen bilden sich aber bei Abstinenz von selbst zurück!

Im ersten trockenen Jahr scheinen manchen Patienten mit besonders massivem Suchtdruck neuere Medikamente zu helfen, die diese nervliche Übererregbarkeit und damit den Drang zum Beruhigungsmittel Alkohol mildern sollen. Allerdings sollten sie geordnet leben und eine Suchtbehandlung durchgeführt haben. Denn Mittel wie Acamprosat / Campral können keinem Betroffenen die Auseinandersetzung mit der Sucht, die mühsame Veränderungsarbeit oder die notwendige Nachsorge ersparen, von der wir noch sprechen werden.

Dass aber bislang Medikamente Sucht nicht heilen können, wird verständlich, wenn man **den zweiten Mechanismus** betrachtet, der während der Sucht-Entwicklung **in unserem Gehirn offenbar verändert** wird.

Es handelt sich dabei um das so genannte **Suchtgedächtnis:**

Die Natur hat uns offenbar eigens so angelegt, dass wir mit großem Wohlbefinden auf alles reagieren, was für uns und unser Überleben gut ist. Essen, Trinken und Sex sind wichtig und erhalten die Art, also sollen wir dafür aktiv werden.

Von stammesgeschichtlich alten Hirnregionen werden deshalb Botenstoffe ausgesandt, die unser Verlangen wecken und uns dazu bewegen, alles Nötige für die Stillung unserer Bedürfnisse zu unternehmen.

Innere Reize wie Hunger, aber auch äußere Reize wie der köstliche Bratengeruch aus der Küche oder der Anblick eines knackigen Pos, tragen zu unserer Aktivierung bei.

Waren wir folgsam und haben uns „arterhaltend“ verhalten, werden wir mit ausgesprochen angenehmen Gefühlen „belohnt“.

Deshalb nennt man dieses Netzwerk zwischen sehr alten Hirnregionen und neueren Gebieten unserer vorderen Großhirnrinde auch unser **„Belohnungs-System“!**

Gerade das Vorderhirn hat dabei die wichtige Aufgabe, sich alles zu merken, was uns in diesem Sinne gut getan hat. Sind wir – oder unsere Vorfahren – zufällig auf eine sehr schmackhafte und sehr gute Nahrung gestoßen, sollen wir sie natürlich im Gedächtnis behalten und uns freudig an den Wohlgeschmack erinnern, sobald wir sie wieder finden. Ja, wir sollen sogar schon durch vorausgehende gute Gefühle dazu animiert werden, nach dieser Speise zu suchen. So fördert das Belohnungssystem also unser Überlebens-Wissen.

Die Natur selbst hat sicher nicht an Alkohol, Zigaretten und andere Drogen gedacht, als sie für uns dieses reizende Erziehungsprinzip mit „Lekkerchen“ erfunden hat.

Doch alle Suchtmittel scheinen sich in dieses Belohnungs-System einzuschleichen!

Dies muss zunächst kein Problem sein, schließlich können wir – sofern keine Abhängigkeit besteht – Alkohol zum Beispiel durchaus als angenehmes Genussmittel gebrauchen.

Das funktioniert, weil dieses Belohnungs-System flexibel und lernfähig ist. Es reagiert ständig auf Informationen von innen und außen. Sind wir satt, hören wir mit Essen auf – meistens zumindest. Passt die soziale Situation nicht oder ist jetzt eben etwas anderes erforderlich, stellen wir Hunger, Durst und sexuellen Appetit zurück.

Solange der Gebrauch des Suchtmittels nur in diesem flexiblen System „bekannt“ ist, besteht vermutlich noch kein großes Problem. Der Konsument genießt in Maßen und kontrolliert, verhält sich der Situation angemessen und vernünftig und kann es ohne Bedauern auch lassen. Er „mag“ sein Glas Rotwein und dessen Wirkung, aber andere Getränke sind genauso gut.

Problematisch wird es erst, wenn die **Erfahrung mit dem Suchtmittel** aus noch nicht erklärlichen Gründen **anders bewertet und in einer anderen Hirnregion „gespeichert“** wird.

Diese Veränderung, die immer erst nach längerer Gewöhnung, dann aber meist in relativ kurzer Zeit auftritt, konnten Forscher mit viel Aufwand sogar in Tierversuchen nachvollziehen.

Offenbar wird unsere Erfahrung mit Alkohol dann plötzlich als so lebenswichtig eingeordnet, dass wir sie unter keinen Umständen vergessen sollen. Auch verschiedene äußere Rahmenbedingungen sollen gleich mitgespeichert werden und beitragen, dass wir uns das Trinken fest und unauslöschlich merken können.

Das Trinken wird also in unseren Köpfen „verknüpft" mit der Stammkneipe, dem Feierabend, unserem Lieblingssessel vor dem Fernseher, mit bestimmten Stimmungen von Ärger über Langeweile bis Ausgelassenheit.

Warum der Alkoholgebrauch und seine Wirkung nun nicht mehr flexibel erinnert, sondern in einer anderen Hirnregion unauslöschlich und starr gespeichert wird, weiß ich nicht. Aber von Patienten habe ich mitunter gehört, dass sie eine **Veränderung ihres Trinkens in Zeiten mit großer Stress-Belastung** bemerkt haben. Wenn uns der Alkohol gerade dann gut tut, wenn wir wegen unserer Scheidung fast kaputtgehen, wenn er uns in Zeiten großer Angst oder Kränkung aus der Depression zu holen scheint oder uns bei chronischer Überlastung allabendlich Erholung schenkt, dann ist es vielleicht kein Wunder, dass **unser Gehirn denkt: auf dieses Wundermittel können wir nicht mehr verzichten, also unbedingt merken!**

Und dann kommen diese vermeintlich so wichtigen Informationen in das „Spezial-Archiv", das sonst für Eltern-Kind-Bindungen und Sexual-Prägung,also unser Basis-Survival-Set reserviert ist, vielleicht sogar für unsere Muttersprache.

Der Alkoholgebrauch ist nun nicht mehr nur auf der Diskette, die man bei Bedarf gegen eine andere auswechseln kann, sondern sozusagen auf der Festplatte gespeichert – leider bislang ohne Löschungsmöglichkeit.

Gleichzeitig ist das nun einbezogene Hirnareal zuständig für **starre, zwanghafte und immer gleiche Abläufe**, die von uns nur schwer oder gar nicht (darüber gibt es unterschiedliche Auffassungen!) verändert werden können.

Es erlaubt im Gegensatz zur vorigen Handhabung keine Rücksicht auf innere und äußere Informationen und keine Flexibilität.

Das heißt, auch wenn mein Durst gestillt sein müsste, wenn ich für den Genuss eigentlich genug bekommen habe, wenn ich aufzufallen drohe oder morgen wahrscheinlich wieder verschlafen werde, trinke ich weiter.

Das entspricht der Erfahrung des Kontrollverlustes. Und es ergibt eine mögliche Erklärung dafür, warum die **Rückfall-Gefährdung lebenslang** bestehen bleibt und über die **mitgespeicherten Schlüsselreize** – Lokale, alte Bekannte, Stimmungen, Lieblingsgetränk usw. – akut werden kann.

Das Traumziel der Forscher ist es, diese irrtümliche und lebenslange Programmierung wieder löschen zu können. Aus verschiedenen Gründen wird dies leider gerade bei der weitest verbreiteten Droge Alkohol sehr schwer zu erreichen sein.

Was aber möglich ist und sich nun seit Jahrzehnten in der Suchtarbeit bewährt hat, ist das „Überschreiben" des Gedächtnisinhaltes. Ich verlerne meine Muttersprache natürlich nie, aber je seltener ich sie spreche, je mehr ich mich in der Sprache meiner neuen Heimat verständige und je aktiver ich mich um positive neue Erfahrungen kümmere, um so mehr tritt sie in den Hintergrund. Deshalb ist Suchtarbeit auch immer Anleitung, möglichst viele konstruktive Veränderungen in das eigene Leben aufzunehmen, sozusagen Neuland zu entdecken und eine andere Sprache zu erlernen.

Keines dieser Modelle kann für sich allein Sucht erklären!

Die Fäden, aus denen schließlich das Gewebe der Suchtkrankheit gestrickt wird, können von sehr vielen Knäueln stammen. Welcher Faden schließlich der dickste ist und welche Farbe zum Schluss vorherrschen wird, das ist wohl von Mensch zu Mensch recht unterschiedlich. Erscheinungsbild und Ursachen der Krankheit sind so vielfältig wie die Menschen selbst, da jeder seine persönlichen Anlagen und Entwicklungswege, seine Vorgeschichte, seine Einstellungen sowie seine äußeren Bedingungen mitbringt.

Letztendlich ist für den Einzelnen die Suche nach Ursachen zumeist weniger hilfreich, als man vermuten könnte. Zu akzeptieren, dass die Erkrankung nun einmal da ist und Wege hinaus gefunden werden müssen, ist viel wichtiger.

Wofür ist Alkohol gut? – Funktionen des Trinkens

Für einen Teil der Abhängigen ist es sinnvoll, den persönlichen Werdegang und die individuellen Krankheitsursachen bis zurück in die Kindheit zu erforschen, um grundlegende Fehlentwicklungen aufzuarbeiten und sozusagen mit dem Leben nochmals von vorne anfangen zu können.

Für die meisten Betroffenen wird aber viel wichtiger sein, den gegenwärtigen **Nutzen des Suchtmittels** herauszufinden: **Was hat der Abhängige vom Alkohol**, welche scheinbar so **wesentliche Funktion** erfüllt dieser für ihn, dass er trotz aller negativer Konsequenzen für Gesundheit, Psyche, Beruf und Beziehungen daran festhält und ohne ihn nicht mehr auszukommen glaubt?

Vermutlich wird man bei genauerer Betrachtung erkennen, dass Alkohol oft zu ganz verständlichem und im Grunde auch nützlichem Zweck eingesetzt wurde und der Verzicht auf ihn durchaus nachteilig erlebt werden kann.

Im Falle Ihres Angehörigen können Sie eventuell mehr Klarheit über Funktion und Nutzen seines Trinkens erlangen, wenn Sie sein Trinkverhalten und die dazu gehörigen Begleitumstände genauer betrachten.

Dabei möchte Ihnen ein kleiner Fragenkatalog behilflich sein, den Sie allein oder vielleicht sogar mit dem Betroffenen ausfüllen können.

☞ **Wann sind die hauptsächlichen Trinkzeiten?**

Zum Beispiel: wann genau im Tagesverlauf? Gibt es Unterschiede zwischen Werktagen und Wochenende oder andere Zeiten verstärkten Trinkens im Laufe des Jahres, wie ist es im Urlaub?

____

____

☞ **Wo sind die hauptsächlichen Trinkorte?**

- Zu Hause? Am Arbeitsplatz? Außer Haus? Wo genau an diesen Orten?

____

____

☞ **Mit wem wird hauptsächlich getrunken?**

- Mit unverbindlichen Tresenbekanntschaften, Arbeitskollegen, wichtigen Freunden oder Verwandten usw., die wichtigsten Personen auflisten.
- Oder wird vor allem alleine getrunken?

___

___

☞ **Welche Gefühle oder Stimmungen sollen mit Alkohol verändert werden?**

Anspannung, Traurigkeit, Einsamheit, Ärger, Not, Druck, Überlastung, Angst, Scham, Zerrissenheit zwischen verschiedenen Erwartungen, Hemmungen usw.

___

___

☞ **Welche Gefühlszustände oder Ziele sollen mit Alkohol erreicht werden?**

Ungehemmtheit, Fröhlichkeit, Ausgelassensein, Mut bekommen für irgendetwas, Konfliktbereitschaft, Streitbarkeit, Selbstsicherheit, Zugang zu eigenen Gefühlen, Zugehörigkeit zu einer Gruppe, Entspanntheit, guter Schlaf usw.

___

___

☞ **Welche tatsächlichen Auswirkungen hat das Trinken?**

Was passiert dadurch bei der Arbeit und in der Familie, in Bezug auf die Partnerin / den Partner, in Bezug auf Kollegen, Bekannte, die Eltern, usw.?

___

___

Wofür Betroffene Alkohol benutzen, kann sehr unterschiedlich sein.

Die einen berichten über seine **beruhigende, entspannende, den Schlaf fördernde Wirkung**. Für Personen mit hoher Stressbelastung (Schichtdienst, Doppelbelastung in Beruf und Familie, Verantwortungsdruck, Mobbing-Klima usw.) kann Alkohol so eine willkommene Hilfe sein, um **besser abschalten** zu können.

Andere dagegen schätzen eher die **stimmungsanhebende Wirkung** des Alkohols. Er **lockert und baut Hemmungen ab**, in kritischen Zeiten wirkt er sogar geradezu **antidepressiv**.

Einige setzen ihn sogar als **Schmerzmittel** ein.

Auch vielfältige **soziale Funktionen** kann der Alkohol wahrnehmen. Das gemeinsame „Feierabend-Bier" von Kollegen, das gesellige Trinken mit Vereinskameraden nach dem Spiel, das Anstoßen mit den Nachbarn beim Straßenfest vermittelt Gefühle von **Zusammengehörigkeit** und **verwischt** persönliche und hierarchische **Unterschiede**. Wie ein **soziales Schmiermittel** erleichtert es das Miteinander und sorgt dafür, dass **Konflikte und Meinungsverschiedenheiten hintan gestellt werden.**

Wir-Gefühle und das Eintauchen in eine Art von **Gruppen-Identität** werden durch Alkohol möglich, ohne dass zuvor um Verständigung gerungen, Konflikte geklärt oder überhaupt ein gemeinsames Anliegen gefunden werden musste. So entsteht mühelos eine angenehme, aber eben nur **scheinbare Harmonie**.

Für Menschen, die nur schwer aus sich herausgehen können, die sich schlecht abgrenzen oder durchsetzen können, die Streit ebenso fürchten wie Nähe, muss dieses **alkohol-vermittelte und unverbindliche Einvernehmen** mit anderen zunächst eine ganz erwünschte Notlösung sein.

Am Tresen kann ich jederzeit Leute treffen und Unterhaltung haben, ohne mich den anstrengenden Aspekten verbindlicher Beziehungen auszusetzen.

Und wenn es mir nicht passt, kann ich einfach gehen.

Dieser „Vorteil" kann im Laufe der Suchtentwicklung sogar immer wichtiger werden. Wenn ich wegen meines Trinkens darauf achten muss, andere nicht zu nahe an mich heran zu lassen und möglichst nicht aufzufallen, wenn ich den unangenehmen Fragen der Frau, der gespannten Atmosphäre zuhause und meinen eigenen Schuldgefühlen aus dem Weg gehen muss, dann werde ich mich umso lieber zu meinen Trink-Genossen flüchten.

Dort gelte ich noch etwas, werde nicht in Frage gestellt und jederzeit freudig begrüßt.

Eine sozusagen „soziale" Funktion kann das Suchtmittel auch für das **Gleichgewicht des Familiensystems** wahrnehmen. Möglicherweise verhilft ihr Trinken der Ehefrau eines erfolgreichen Managers dazu, ihre bedrückende Unzufriedenheit mit ihrer Schatten- und Dienstleistungsrolle zu dämpfen, überschüssige und vielleicht auch aggressive Energien zu binden und somit zur Aufrechterhaltung der familiären Aufgabenteilung beizutragen. In einer anderen Familie verhilft der trinkende Mann vielleicht seiner Frau dazu, ihr schon in der Herkunftsfamilie antrainiertes weibliches Rollenverhalten ausleben zu können, sich möglichst viel an Pflichten und Lasten aufzuladen, für einen Schwächeren sorgen und sich um einen anderen anstatt um sich selbst kümmern zu können. **Grundsätzliche Unterschiede** in Lebensstilen, Werten und Bedürfnissen können durch das Trinken **„unter den Teppich gekehrt werden"**. Wo kein Druck entsteht, werden die Partner sich nicht auseinandersetzen und um Kompromisse ringen müssen. Sie werden vielleicht nie ganz offen miteinander sprechen und sich in ihrer Unterschiedlichkeit erfahren können, aber damit ist auch die Gefahr einer Trennung zunächst gebannt.

Auch ein süchtiges Kind kann hier für den Erhalt des Familiengleichgewichtes viel tun. Wenn die Ehe der Eltern möglicherweise immer am Rande der Auflösung vegetierte und vor allem deshalb die Jahre überstanden hatte, weil es die gemeinsame Sorge um die Kinder gab, wird das Heranwachsen und Ablösen der Kinder zu einer ernsten Gefahr. Ein Kind, das dies spürt, könnte nun statt der anstehenden Entwicklung zu einem selbständigen Erwachsenen unbewusst den Weg in die Sucht wählen, um den Eltern als „Sorgenkind" und gemeinsames Aufgabenfeld erhalten zu bleiben.

Beeindruckend erscheinen mir auch die Funktionen des Suchtmittels bei Menschen, die Leid und Störungen in ihren frühen kindlichen Entwicklungen erfahren haben. Hier kann der Alkohol zum Beispiel bei Gewalt- oder Missbrauchserlebnissen die Funktion eines Schmerzmittels, eines Betäubungsmittels oder einer **Hilfe zum Vergessen** (Verdrängen) übernehmen. Andere Patienten mit problematischen Vorgeschichten erzählten mir von ihrer Erfahrung, unter Alkohol das vorab nicht entwickelte Selbstwertgefühl oder die sonst fehlende Sicherheit in Beziehungen zu erleben. Innere Zerrissenheit wird vorübergehend verwandelt in ein Gefühl von **Ganzheit und Intaktsein**.

Eine andere Funktion des Trinkens, auf die ich in dem Abschnitt „Sucht und Familie“ nochmals zurückkommen werde, ist die Übernahme der **Rolle eines Sündenbocks**. Hat ein Jugendlicher zum Beispiel über die ganzen Jahre seiner Kindheit hinweg erlebt, dass er trotz allen Bemühens um Liebe und Anerkennung, also um positive Zuwendung, zumeist doch nur Kritik, Abwertung und Zurückweisung erfährt, so kann er sich unbewusst und aus Not dafür entscheiden, daraus eine Tugend zu machen. Er wird also möglicherweise aufhören, um Annahme zu kämpfen und stattdessen aktiv die Rolle eines **schwarzen Schafes** übernehmen. Indem er möglichst viel anstellt, sich auffällig kleidet und provozierend gibt, möglichst „viel Mist“ baut, schlägt er zwei Fliegen mit einer Klappe: Er wird sehr viel Beachtung erfahren durch sein auffälliges Verhalten, auch wenn dies negative Beachtung im Sinn von Missbilligung, Verfolgung oder gar Strafe sein kann. Und er wird zweitens erreichen, der ewigen Rolle des ohnmächtigen Opfers zu entgehen und den Schmerz ständiger Zurückweisung vermeiden zu können. Stattdessen wird er sich aktiv, handlungsfähig und durch seine geschickten Provokationen auch mächtig gegenüber den Erwachsenen erleben. Um möglichst viel Mist bauen zu können, zu provozieren und einen schlechten Eindruck zu hinterlassen, ist Alkohol ein ideales Hilfsmittel.

Mitunter hatte ich Alkohol sogar in Verdacht, ein Symbol verlorener nationaler Identität sein zu können. Diese vielleicht etwas weit hergeholte Idee kam mir unter anderem im Gespräch mit einem alkoholabhängigen Mann, der als Jugendlicher mit seiner Familie aus Polen übergesiedelt war. Für ihn schienen Alkohol und maßloses Trinken so etwas wie ein nationales Merkmal, ein typischer Charakterzug von Polen zu sein. Während er in Polen nicht getrunken hatte, begann sein massiver Alkoholkonsum sehr rasch nach der Übersiedlung in den Westen, als ob er sich damit etwas „typisch Polnisches“ habe erhalten wollen.

Eine weitere, sicherlich häufig genutzte Funktion wird in dem bekannten Westernhagen-Song „Johnny Walker“ angesprochen: „Johnny, du warst mein bester Freund!“ Alkohol also als jederzeit verfügbarer, auch unkomplizierter **Ersatzpartner** für fehlende echte Beziehungen. Alkoholabhängige Menschen, die sich ihren Nächsten nicht öffnen können oder aber bereits sehr isoliert leben, werden dieses Lied mitsingen können.

Es ist nicht möglich die Fülle der Funktionen zu beschreiben, die der Alkohol bei den verschiedenen betroffenen Menschen hat, denn die Liste scheint sehr ausbaufähig zu sein. Vielleicht haben Sie jedoch Ihren Angehörigen teilweise in diesen Beispielen wieder erkannt.

Alkohol: besser als jede Psycho-Pille?

Natürlich verkehren sich die Vorteile des Trinkens im Laufe der Zeit in ihr Gegenteil. Wie wir im vorigen Abschnitt schon gesehen haben, wird ein verschlossener, konfliktscheuer Mensch durch Alkohol vielleicht zunächst lockerer und geht mehr aus sich heraus. Mit zunehmendem Alkoholproblem wird er aber gerade wegen des Trinkens gesunden Kontakten und Auseinandersetzungen wieder aus dem Weg gehen müssen. Ein Mensch, der Alkohol zur Stressminderung und Entspannung eingesetzt hat, wird irgendwann entdecken, dass er nun gerade deswegen weniger leistungsfähig und belastbar ist. Er wird sich also seinen alltäglichen Anforderungen erst recht nicht gewachsen fühlen und von daher noch mehr unter Stress und Anspannung leiden als zuvor.

Aber zunächst muss aus dem vorigen Abschnitt erst einmal die klare Schlussfolgerung gezogen werden, dass ein Suchtmittel eine feine Sache ist!

Insbesondere der Alkohol: Je nach Darreichung schmeckt er gut, riecht appetitlich und sieht oft sogar sehr schön aus.

Und vor allem: Alkohol tut gut!

Täte er nicht gut und hätte er für uns keine erwünschte Wirkung, könnten wir davon nicht abhängig werden. So einfach ist das.

Wie wir oben gesehen haben, erstrecken sich die „Wohltaten" des Alkohols nicht nur auf Genuss und körperliches Wohlbefinden, sondern er kann bis in unser komplexes Seelenleben und in unsere Beziehungen hinein zunächst hoch erwünschte Auswirkungen haben.

Will jemand vom Alkohol lassen, so kann dies **für sein inneres und äußeres Gleichgewicht zunächst einen enormen Verlust** bedeuten. Will er also mit Abstinenz mehr erreichen als nur den Verzicht, so muss er sich über die persönlichen Funktionen seines Suchtmittels klar werden und nach Wegen suchen, diese **Funktionen möglichst zu ersetzen beziehungsweise ganz überflüssig zu machen**.

So kann einiges an harter Arbeit an sich selbst auf ihn zukommen. Vielleicht muss der Betroffene wieder lernen, mit Stress anders umzugehen oder seinen Alltag von vorne herein stressärmer zu gestalten. Möglicherweise benötigt er dafür ein besseres Durchsetzungsvermögen und muss anderen gegenüber Grenzen setzen können. Vielleicht sollte er Kontakt- und Kommunikationsfähigkeit verbessern oder wieder mehr Verantwortung übernehmen, um für sich und andere verlässlicher und präsenter zu werden. Vielleicht muss er auch eingefleischte Gewohnheiten, Ideen und sogar Personen aufgeben oder im Rahmen einer Therapie schmerzliche Erfahrungen aufarbeiten.

Darüber hinaus sollte er in der Regel zu einer gesünderen Lebensführung finden mit vernünftiger Ernährung, Sport, guten Kontakten und aktiver Freizeit-Gestaltung. Wie auch immer: Es gibt viel zu tun!

Für Sie gilt: Auch wenn Sie verstehen, weshalb Abstinenz für ihren Angehörigen eine so schmerzhafte Umstellung bedeuten würde, heißt das natürlich nicht, sein Trinken nun einfach stillschweigend zu akzeptieren. Aber es hilft vielleicht auch Ihnen, zu überprüfen, wo Sie unfreiwillig selbst Teil dieses **Gleichgewichtes mit Alkohol** geworden sind. Dort wartet dann auch auf Sie Veränderungsarbeit. Am einfachsten ist es am Beispiel des Jugendlichen nachzuvollziehen, der mit seiner Fehlentwicklung unter anderem die Eltern zusammenhalten möchte. Wenn hier die Eltern ihre Probleme selbst in die Hand nehmen und nach Möglichkeit miteinander klären, machen sie für ihren Sohn zumindest diese eine Funktion des Suchtmittels überflüssig. Das schafft vermutlich noch nicht das Problem aus der Welt, ist aber ein Beitrag.

Aber auch, wenn Sie und Ihr Partner in Ihrem gemeinsamen Leben viele Pflichten und wenig Freiraum erleben und Alkohol zumindest für den einen zum Ventil geworden ist, dann betreffen Veränderungen in der Alltagsgestaltung Sie genauso wie ihn. Auch für Sie kann Abstinenz dann Umdenken und Aufgeben gewohnter Abläufe erforderlich machen. Aber: es lohnt sich für beide Seiten!

Ein Mensch verändert sich

Schleichende Veränderungen in Wahrnehmung, Fühlen, Denken und Verhalten

Als Angehöriger eines suchtkranken Menschen leiden Sie möglicherweise trotz aller Zuneigung und Verbundenheit an und in dieser Beziehung, obwohl Sie die Gründe dafür gar nicht richtig benennen könnten. Dies liegt vielleicht daran, dass sich Ihr Angehöriger über Jahre hinweg und nur ganz allmählich verändert hat, bis fast unbemerkt alle Bereiche seiner Person und der Beziehung betroffen sind. Gewalt, Verwahrlosung und sozialer Abstieg kommen natürlich durch Alkoholismus häufiger vor. Dennoch entsprechen die meisten Alkoholkranken überhaupt nicht diesem Bild. Die Veränderungen der Persönlichkeit, der Beziehungen und der Lebensweise sind bei ihnen viel unauffälliger und feiner. Sie entstehen schleichend und fast unmerklich, lassen für Außenstehende immer noch das Bild einer funktionsfähigen Person und einer einigermaßen intakten Familie bestehen. Sie sind deshalb aber nicht weniger tiefgreifend und schmerzhaft.

An einem fiktiven, aber doch aus verschiedenen wahren Geschichten zusammengesetzten Fallbeispiel möchte ich Ihnen dies aufzeigen:

Herr X war ein Bild von einem „richtigen“ Mann, baumlang und ausgesprochen athletisch, mit markanten Gesichtszügen und sehr bestimmtem Auftreten. Beruflich hatte er eine Führungsposition inne und war gewohnt, eine größere Anzahl von Leuten zu führen und deren Arbeit äußerst kompetent zu organisieren. Im Betrieb wussten alle, dass man mit jedem Problem zu ihm kommen konnte, dass er aber andererseits sehr hohe Ansprüche stellte. War er mit der Arbeit eines Mitarbeiters nicht gleich zufrieden, wurde er schon einmal deutlich ungeduldig und erledigte die Arbeit lieber selbst. Auch in seiner Familie konnte es ihm niemand so schnell recht machen. Er übernahm viele Aufgaben, zerriss sich geradezu, indem er seiner Familie trotz begrenzter finanzieller Mittel ein großzügiges Haus hinstellte, den Garten besorgte, ständig irgendwelche Reparaturen oder Instandhaltungsarbeiten ausführte und so seiner Frau das Gefühl vermittelte, ohne ihn überhaupt nicht zurechtkommen zu können. In seiner knappen Freizeit setzte er sich am liebsten alleine auf das Fahrrad, da sowieso weder seine Frau noch die Kinder sein Tempo hätten mithalten können. Die mädchenhaft und etwas unsicher erscheinende Ehefrau war sich lange Zeit nicht im Klaren darüber, was sie eigentlich von ihrer Beziehung halten sollte. Einerseits hatte sie den Eindruck, den besten aller Männer zu haben, der ihr stets treu war, nichts als Arbeit kannte und alles für die Familie tat. Andererseits kam sie gefühlsmäßig überhaupt nicht an ihn heran. Sie wusste nie, wie es ihm ging, was er fühlte oder dachte oder ob er sie überhaupt noch liebte. Wenn er von der Arbeit heimkam, erfuhr sie praktisch nichts von ihm, Zärtlichkeit oder Beachtung bekam sie kaum, im Bett fühlte sie sich eher benutzt als begehrt. Angesichts seiner Tüchtigkeit und seines hundertfünfzigprozentigen Einsatzes fühlte sie sich ihm gegenüber zunehmend klein und minderwertig, traute sich selbst auch immer weniger zu. Dass sie andererseits aber fast ausschließlich die Verantwortung für die Kinder, den Zusammenhalt der Familie und sogar die Beziehungspflege im weiteren Familienkreis trug, fiel ihr dabei gar nicht auf. Während es ihr gefühlsmäßig immer schlechter ging, machte sie sich deswegen auch noch Vorwürfe und fühlte sich ihrem Mann gegenüber ständig schuldig. Sie bemerkte durchaus, dass er im Laufe der Zeit mehr und mehr trank. Sie wusste, dass er während seiner handwerklichen Tätigkeiten in seiner kleinen Werkstatt und in der Garage zwischendurch immer wieder etwas trank, konnte aber das Ausmaß nicht einschätzen, traute sich sowieso ein Urteil über das Verhalten ihres Mannes nicht zu. Regelrecht betrunken erlebte sie ihn auch praktisch nie. Während er im Laufe der Jahre immer größer zu werden schien, kam sie sich zunehmend kleiner und hilfloser vor. Um so verwunderter registrierte sie deshalb seine Reaktion, als sie eines Tages beschlossen hatte, etwas mehr für sich zu unternehmen und mit einer kleinen Kurzreise zusammen mit einer Freundin anzufangen. Er versuchte es ihr auszureden, malte ihr verschiedene Gefahren für allein reisende Frauen ohne männlichen Begleitschutz aus und wollte sie jederzeit telefonisch erreichbar wissen. Da kamen ihr erstmals Zweifel an dem Bild des unabhängigen und nichts als starken Mannes, das sie von ihm gehabt hatte. Was sie nicht wissen konnte war, dass er bereits seit langem selbst unter dieser krampfhaft aufrechterhaltenen Fassade litt. Er spürte genau, dass er trotz seines ganzen Einsatzes als Mensch und als Mann versagte. Da wo sie Liebe brauchte, gab er ihr ein Haus aus Stein, da wo sie Nähe und Austausch ersehnte, verzog er sich in seine Werkstatt. Insgeheim war er es, der sich seiner Frau gegenüber ständig in der Schuld fühlte, weil er ihr das wirklich Wichtige für eine Beziehung zwischen zwei Menschen nicht gab. Er war auch selbstkritisch genug, um zu bemerken, was er mit diesen Schuldgefühlen anstellte. Um sie erträglicher zu machen, setzte er seine Frau herab, kritisierte sie an allen Ecken und Enden und behandelte sie wie eine dumme kleine Gans. In dieser Gestalt konnte sie schließlich nicht mehr viel von ihm verlangen, ihm schon gar nicht sein Trinken vorwerfen. Zum anderen brachte er sie durch seinen Einsatz selbst in eine nachteilige Position, auf einmal war auch sie ihm etwas schuldig. Glücklich war er damit jedoch schon lange nicht mehr. Er fühlte sich selbst innerlich zerrissen, schlecht und zutiefst vereinsamt. Mit aller Kraft hielt er nach außen und gegenüber seiner Frau die Fassade aufrecht, um dann mit all seinen weichen, traurigen und bedürftigen Seiten zu „Johnny", dem besten Freund, zu gehen.

Andere typische Veränderungen, die Ihnen vielleicht bei Ihrem suchtkranken Angehörigen aufgefallen sind:

Natürlich sind auch suchtkranke Menschen in ihrer nassen Zeit ganz unterschiedliche Persönlichkeiten. Entsprechend können auch die Verhaltensänderungen, die Ihnen an Ihrem Angehörigen aufgefallen sind, ganz unterschiedlich aussehen. Manchmal verhält sich der Betroffene auch ganz unverändert, erlebt die Folgen seiner Suchtkrankheit vielleicht nur im Bereich der Gesundheit.

Der größere Teil der Betroffenen verändert sich aber eben auch in geistig-seelischer Hinsicht und in seinem Verhalten. Bezeichnend ist, dass häufig ein **Verlust von Maß und Ausgewogenheit** auffällt, **Extreme** sich entwickeln.

So kann sich ein schon vormals ruhigerer Mensch vielleicht noch mehr aus Kontakten und Beziehungen zurückziehen, verliert Antrieb und Interessen, wird extrem konfliktscheu, schluckt alles hinunter und ist in seinem Inneren vor allem mit Grübeleien und Selbstzweifeln beschäftigt.

Ein anderer, der schon immer etwas offensiver und temperamentvoller mit dem Leben umgegangen ist, entwickelt sich vielleicht zu einem „Hans-Dampf-in-allen-Gassen", wird eher überaktiv und gesellig, ist überall und nirgends anzutreffen, verspricht viel mehr als er halten kann und versucht dies durch Charme und Nettigkeiten wieder gutzumachen. War er vormals witzig, geistreich und schlagfertig, verzerrt sich dies in der nassen Zeit vielleicht zu einer gewissen Distanzlosigkeit, Angeberei bis hin zu vulgären Spässen. Ein Mensch, dem vielleicht Geselligkeit und Genuss schon früher wichtiger waren als Karriere und Leistung, wird in der nassen Zeit möglicherweise seinen Ehrgeiz gänzlich verlieren, möglichst bequeme Wege wählen, seine alltäglichen Pflichten vernachlässigen und froh sein, wenn andere für ihn übernehmen. Ein anderer, dem Arbeit und Leistung schon immer wichtig waren, wird sich nun vielleicht fast besessen in diese Bereiche stürzen, auch versuchen, über Leistung, Perfektion und Erfüllung höchster Ansprüche seine schweren Probleme zu überspielen und möglichen Vorwürfen zuvorzukommen.

Viele Betroffene entwickeln auch zunehmend ein Schwarz-Weiß-Denken, werden sehr radikal in ihren Urteilen, zum Teil auch starr und rechthaberisch, übermäßig kritisch gegenüber anderen, kennen auch in anderer Hinsicht keine Grautöne im Leben mehr, sondern immer nur „ganz oder gar nicht". Bei anderen fällt vielleicht eine große Empfindlichkeit auf, sie sind möglicherweise schnell gekränkt und fühlen sich bei geringsten Anlässen abgewertet oder ungerecht behandelt. Wieder andere überspielen dies durch ein besonders großspuriges Auftreten. Den Angehörigen, die ja den Betroffenen im privaten Bereich erleben können, fällt auch auf, dass immer wieder von einem extremen Gefühlszustand oder Verhalten in den entgegengesetzten umgeschwenkt werden kann, also z. B. von Hyperaktivität zu völliger Antriebslosigkeit und Handlungsunfähigkeit.

Abwehrmechanismen – Warum Sucht die einzige Krankheit ist, die zuerst den anderen wehtut!

Möglicherweise beobachten Sie an Ihrem suchtkranken Angehörigen auch noch andere typische Veränderungen, die Sie ziemlich verwirren können, vielleicht auch verletzen und durch die Sie sich als Person missachtet fühlen. Auf Probleme angesprochen, streitet Ihr Angehöriger vielleicht das Offensichtliche ab, kränkt Ihr Vertrauen durch Heimlichkeiten, er lügt und weist empört alle Verantwortung von sich. Diese Verhaltensweisen sind typisch und gehören zumindest teilweise immer zu dem Krankheitsprozess dazu. Der folgende Abschnitt möchte Ihnen helfen, die Hintergründe dieses oft unerträglichen Verhaltens besser zu verstehen, sich davon auch nicht mehr persönlich verletzen, verwirren oder ablenken zu lassen.

Verursacht werden diese Verhaltensweisen durch seelische Prozesse, die **Abwehrmechanismen** genannt werden.

Abwehrmechanismen sind ein wichtiges Instrument unserer Psyche, uns im Austausch mit der Welt und uns selbst funktionsfähig und intakt zu halten, kehren sich aber für den Suchtkranken im Laufe seiner Krankheitsentwicklung gegen ihn und werden zu lebensgefährlichen Erhaltungsmechanismen der Krankheit.

Was versteht man nun unter Abwehrmechanismen?

Lassen sie mich dazu zunächst eine – fast wahre – Geschichte aus meinem persönlichen Alltag erzählen:

Ich putze ungern Schuhe!

Weil ich ungern Schuhe putze, passiert es mir irgendwie in einem fort, dass ich **vergesse**, meine Schuhe zu putzen. Wenn ich morgens, üblicherweise verspätet, in meine Schuhe schlüpfe und dann in aller Hast aus dem Haus stürze, sind deshalb meine Schuhe meistens – **schmutzig.** Von den Knöcheln aufwärts schaffe ich es in der Regel, halbwegs gepflegt an meinem Arbeitsplatz zu erscheinen, so wie ich es von mir selbst erwarte und wie es meinem beruflichen Selbstbild entspricht. Aber eben die Schuhe! Nun arbeite ich aber leider mit einer Freundin zusammen, der fast nichts entgeht. Nachdem sie mich also bei meiner Ankunft noch einigermaßen zufrieden von oben bis fast unten taxiert hat, wird ihr Blick an meinen Schuhen hängen bleiben. Ihr Kommentar: „Die sollten aber auch mal wieder geputzt werden !“ ist unvermeidlich.

Da hier nun also die gelungene Arbeit meines Gehirns, die schmutzigen Schuhe einfach zu vergessen, unverschämterweise sabotiert wird, muss ich weiter in meine Trickkiste greifen, um das Problem „schmutzige Schuhe“ für mich aus der Welt zu schaffen. Das Einfachste wäre natürlich, jetzt die Schuhe zu putzen. Aber wie gesagt: Ich putze ungerne Schuhe.

Also bleibt mir noch die Möglichkeit, die Wahrnehmung und Beurteilung meiner Freundin ins Wanken zu bringen. Zunächst einmal werde ich einen bemüht kritischen Blick auf meine Schuhe werfen, sie rundum betrachten, die Füße heben und schließlich kopfschüttelnd sagen: „Wo soll denn hier etwas schmutzig sein? **Ich sehe nicht den kleinsten Fleck!**“

Eine Zeitlang werde ich darauf beharren, aber ich kenne die Hartnäckigkeit meiner Freundin. Irgendwann werde ich wohl Zugeständnisse machen müssen. Aber auch, wenn ein halber Morgen Ackerland an meinen Sohlen hängen würde, werde ich dann höchstens einen **ganz kleinen Schmutzstreifen** am Absatz zugeben. Vermutlich habe ich jetzt ihre Streitlust erst richtig geweckt, so dass dieses Spiel weitergehen kann. Beharrt sie also darauf, dass der Zustand meiner Schuhe unübersehbar verwahrlost sei, so kann ich als nächstes zu einer langatmigen Aufzählung von **Erklärungen** und **Begründungen** greifen.

Ich werde versuchen, sie durch eine Schilderung meiner beruflichen Überlastung, der Zeitknappheit und der erst kürzlich überstandenen Erkältung nachsichtig zu stimmen.

Dann könnte ich vielleicht auch noch eine Grundsatzdiskussion darüber beginnen, inwieweit das regelmäßige Putzen von Schuhen nicht doch Ausdruck einer ganz bedenklichen Zwanghaftigkeit sein könnte und überdies für die totale Anpassung an die materialistischen Normen unserer spätkapitalistischen Konsumgesellschaft spräche. Irgendwie!

Leider kenne ich meine Freundin zu gut. Sie wird auf diesen Quatsch nicht reinfallen. Sie will mir also nach wie vor schmutzige Schuhe anhängen! Mir bleibt nun nichts anderes übrig, als endlich einzusehen, dass ich sie schon lange im **Verdacht** habe, ausgesprochen **neidisch** zu sein. Ich erinnere mich noch gut an ihre giftigen Blicke, als ich meine Schuhe gerade ganz neu hatte. Ich werde ihr also wohl ehrlich ins Gesicht sagen müssen, dass sie es offensichtlich nur darauf angelegt habe, mir meine Schuhe madig zu machen. Vermutlich mißgönnt sie mir sowieso mein gutes Aussehen und die Anerkennung, wer weiß? Frauen!

Bevor ich aber den Mund aufmachen kann, erblicke ich gerade noch rechtzeitig ihre Schuhe. Leider muss ich feststellen, dass sie ausgerechnet diese wahnsinnig schicken und stinkteuren Schuhe trägt, die ich seit Wochen mit plattgedrückter Nase im Schaufenster bewundert habe. Und auch ansonsten sieht sie heute einfach unbestreitbar toll aus!

Nun denn, ein echter Kämpfer gibt nicht so schnell auf. Es bleibt mir nichts anderes übrig, als nun zu meinem letzten, dafür aber schlagkräftigsten Mittel zu greifen:

Ich sage nun meiner Freundin ganz herzlich, wie nett ich diese Unterhaltung gefunden hätte und wie sehr ich doch ihre Besorgnis über mein äußeres Erscheinungsbild zu schätzen wisse. Ihre Fürsorge sei aber wirklich nicht nötig, da diese Schuhe an meinen Füßen **mir** persönlich **gar nicht gehörten**. Ich hätte sie von meiner Schwester geliehen, sei versehentlich am Morgen in die Schuhe unseres Besuches geschlüpft, was auch immer. Diese – tatsächlich in peinlichster Weise schmutzigen – Schuhe sind nicht die meinen!

Und damit ist es nun endlich geschafft: **Ich habe keine schmutzigen Schuhe!**

Wenn Sie diese kleine morgendliche Auseinandersetzung einmal genauer betrachten, dann lernen Sie dabei unsere wichtigsten Abwehrmechanismen kennen:

1. Irgendwie vergesse ich immer wieder, dass meine Schuhe schmutzig sind und ich sie putzen müsste. Das „irgendwie“ ist ein aktiver Vorgang in meinem Gehirn, das heißt: Ich **verdränge** Dinge, die mir unangenehm sind.
2. Will man mich von außen an den verdrängten Gegenstand erinnern, d. h., will jemand das ins Unbewusste abgedrängte Wissen um die schmutzigen Schuhe ins Bewusstsein zurückholen, streite ich es ab: Ich **verleugne**.
3. Hat es der Andere trotz meiner Gegenwehr geschafft, die schmutzigen Schuhe doch ins helle Licht der Sonne und mir vor Augen zu zerren, so kann ich den Schaden als klein und unwichtig hinstellen, ich kann ihn **bagatellisieren**.
4. Genügt dies nicht, habe ich die Möglichkeit, mit vernünftigen Überlegungen und scheinbar logischen Theorien die gemachten Vorwürfe zu entwerten, ich kann **rationalisieren** oder bei einigem sprachlichen Geschick gar **intellektualisieren**.

5. Eine andere gängige und enorm wirksame Methode ist es, meinen Anteil am Geschehen – ob es sich nun um Schuld, Schwäche oder Verfehlung handelt – von mir wegzunehmen und in den Anderen hineinzulegen. Ich unterstelle dem Anderen also negative Gefühle und Absichten, die eher etwas mit meiner eigenen Verfassung zu tun haben, mache aus den eigenen Schuldgefühlen angebliche Angriffe von Seiten des Anderen, schiebe ihm in jeder beliebigen anderen Form die bei mir selbst abgelehnten Gedanken und Gefühle unter. Mit anderen Worten: Ich **projiziere**, so wie ein Dia-Projektor das Bild in seinem Inneren auf die Wand wirft.
6. Eine letzte und praktisch nicht mehr zu schlagende Abwehrmöglichkeit ist schließlich, Anteile von mir, mit denen ich Schwierigkeiten habe, als nicht zu mir gehörig zu definieren. Das kann dann soweit gehen, dass ich selbst nichts mehr wahrnehme, fühle, weiß und in mein Handeln übernehme von den Seiten von mir, die nicht in mein Selbstbild passen. Es kann sich hierbei um meine Aggressivität handeln oder meine Unkeuschheit, meine Habgier, meinen eigenen Neid, meine Bequemlichkeit und so weiter. So will ich nicht sein, also habe ich diese Gedanken und Gefühle nicht! Da sie aber zu jedem ganzen Menschen gehören, habe ich sie in Wirklichkeit lediglich **abgespalten.**

Da haben wir sie, die sechs wichtigsten Mittel unserer Seele, uns die Realität so lange zu verändern, bis sie wieder passt.

Wozu aber benötigen wir sie? Sind diese Abwehrmechanismen nicht Funktionsfehler der Natur, die Verständigung und vernünftige Entwicklung der Menschen unsinnig blockieren?

Nun, bei meinem Bemühen, mir die Peinlichkeit ungeputzter Schuhe zugleich mit der Arbeit des Schuheputzens zu ersparen, geht es natürlich um nicht allzu wesentliche, mich nicht gerade im tiefsten Inneren berührende Aspekte meines Alltagsmanagements. Es ist also wohl anzunehmen, dass es mir notfalls nicht allzu schwer fallen würde, entweder meine Schuhe zu putzen oder eben schlicht und einfach zuzugeben, dass ich Schuhe nun einmal ungern putze und diese eben entsprechend aussehen.

Sind Gedanken, Gefühle und Ereignisse, die wir abwehren möchten, jedoch schwerwiegender, belastender und gewichtiger, dann werden wir unsere Mechanismen zur Abwehr derselben nicht so einfach aufgeben. Und das mit gutem, oft sogar lebenserhaltendem Grund:

Stellen Sie sich einmal Situationen und Erfahrungen vor, die über die Belastungsgrenze eines Menschen normalerweise hinausgehen. Dies kann das persönliche Erlebnis eines Unfalls oder einer Brandkatastrophe sein, es kann sich um die – alle Sicherheit und alles Vertrauen zerstörende – Erfahrung von Missbrauch durch einen nahen Angehörigen handeln, es können aber auch Ereignisse jenseits aller menschlichen Dimensionen sein, wie zum Beispiel Krieg, Verfolgung, Folter.

Alles, was unser **Denken** und **Fühlen** derart **überfordert** oder was unsere körperlichen und geistig-seelischen **Schmerzgrenzen** dermaßen übersteigt, müsste eigentlich zum akuten Zusammenbruch unseres Selbst führen und uns damit **funktionsunfähig** machen.

Nicht mehr zu funktionieren, zusammenzubrechen, handlungsunfähig zu sein wäre aber gerade in Gefahrensituationen unser sicheres Ende. Hier setzen unsere **Abwehrmechanismen** ein und **helfen uns** auf jede erdenkliche Art, unter dem Erlebten nicht zusammenzubrechen, sondern **überleben** zu können.

Gut funktionierende Abwehrmechanismen sind es, die helfen, dass ein Mensch inmitten einer schrecklichen Katastrophensituation alle Gefühle von Angst, Schrecken, Schmerz und Müdigkeit beiseite schieben und sich und andere daraus retten kann. Abwehrmechanismen sind es, die dafür sorgen, dass Menschen unter jahrelang anhaltenden und erdrückenden Kriegsbedingungen ausharren, anstatt kollektiven Selbstmord zu begehen. Abwehrmechanismen sind es, die einem im Elternhaus missbrauchten Kind gestatten, trotz der Zerstörung seiner Lebensgrundlage durchzuhalten, bis es erwachsen ist und sich auf seinen eigenen Weg begeben kann.

Also greifen unsere Abwehrmechanismen um so stärker und konsequenter ein, je mehr es um unser persönliches Überleben geht.

Vielleicht haben Sie während meiner Ausführungen bereits angefangen, Verbindungen zu ziehen von den geschilderten Abwehrmechanismen hin zu den Verhaltensweisen, die Sie von Ihrem suchtkranken Angehörigen kennen.

Während Angehörige oder Kollegen schon längst Anstoß nehmen an seinem Trinkverhalten, wird der Betroffene oft noch jahrelang vor sich selbst beiseite schieben, dass irgendetwas nicht stimmen könnte. Er **„verdrängt"**. Selbst wenn ihm das Verdrängen nicht mehr so einfach möglich ist, wird er, auf sein Trinken angesprochen, dahin tendieren, es entschieden abzustreiten. Er **„verleugnet"**. Auch das **„Bagatellisieren"** ist allgemein bekannt, sei es, dass die Biere zwischen dem ersten und dem letzten nicht mitgezählt werden oder dass daran festgehalten wird, dass man ja nur das leichte bayrische Bier zu sich nehme.

Die **„Projektionen"** des Abhängigen sind es schließlich, die es Angehörigen und nächstem Umfeld enorm erschweren, sich neben ihm wohl zu fühlen oder gar in ein offenes Gespräch über die Suchtkrankheit zu kommen. Wenn die Schuldgefühle des Suchtkranken zu Vorwürfen an das Umfeld werden, wenn dem Partner sexuelle Untreue und dem Kollegen üble Nachrede unterstellt wird und das Gespräch über Alkohol sowieso nur ein Vorwand für etwas ganz Anderes sein kann, dann wird die Beziehung allmählich unerträglich.

Auch das **„Rationalisieren"** oder **„Intellektualisieren"** muss wohl nicht weiter erklärt werden. Der Geburtstag des Kollegen, den man heute ausnahmsweise besonders habe begießen müssen, die Schlafbiere, die man nach dem Dienst zur Entspannung unbedingt brauche, das Piccolöchen für den Kreislauf am Morgen und das Viertele am Abend gegen vorzeitige Arterienverkalkung sind bekannte Beispiele dafür.

Vor den Kopf geschlagen sind Angehörige und Umfeld auch, wenn die Betroffenen im nüchternen Zustand nichts von den möglicherweise wüsten oder peinlichen Ereignissen des Vorabends wissen wollen und auch bei unwiderlegbaren Spuren und Folgeerscheinungen strikt abstreiten, dass sie jemand sein könnten, der in dieser Form entgleisen würde. Die **„Abspaltung"** kann so entschieden und konsequent sein, dass eher die Angehörigen an ihrer Wahrnehmung zweifeln als dass der Betroffene die von ihm abgelehnten Handlungen und Selbstanteile annimmt.

Nun können Sie einwenden, dass all diese Abwehrmechanismen durchaus sinnvoll sein mögen, wenn es um den Erhalt der Persönlichkeit und der Funktionsfähigkeit in absoluten Grenzsituationen geht. Im Zusammenhang mit der Suchtentwicklung sind ja aber gerade diese Reaktionen wie Verdrängen, Lügen, Nicht-wahrhaben-wollen, Weg-und-Kleinreden die Faktoren, die dafür sorgen, dass der Betroffene die Lösung seines Problemes immer wieder hinausschiebt und so oft viele Jahre seines Lebens und seine Gesundheit verliert. Weshalb also werden diese Abwehrmechanismen im Zusammenhang mit der Suchtkrankheit mobilisiert?

Auch hier scheint es um das Überleben der Person zu gehen, zumindest aber um den Erhalt eines intakten Selbstbildes.

Ein Mensch, der allmählich wahrnimmt, dass er die Kontrolle über sein Trinken und damit auch die Gewalt über sich selbst, sein Verhalten, seine äußere und innere Gestalt verloren hat, fühlt sich im höchsten Maße ausgeliefert und nicht mehr intakt.

Das Gefühl, die Kontrolle über uns und unser Leben zu haben, uns und unser Leben „im Griff“ zu haben, scheint ein tief verwurzeltes Bedürfnis zu sein. Gerade in unserer westlichen Welt kann man leicht die Folgen dieses übermächtigen Bedürfnisses nach Kontrolle finden. Wir dressieren bereits unsere Kinder darauf, auf ihr äußeres Erscheinungsbild zu achten und ihre Körperfunktionen zu beherrschen. Wir verbannen Grenzsituationen wie Geburt und Sterben in sterile Krankenhauszimmer, deren medizinische Apparaturen uns das beruhigende Gefühl von Macht und Handlungsfähigkeit in tatsächlich übermächtigen Situationen geben. Wir bemühen uns, dem Alter keinen Zugriff auf unsere Haut und unsere Körper zu geben, aus Natur Kulturlandschaft zu machen, Gras und Erde aus unseren Städten und jedes bisschen Schmutz aus unseren Wohnungen hinaus zu bekommen. Wir perfektionieren unsere Technologie in der Hoffnung, irgendwann Pflanze, Tier und letztendlich auch den Menschen genetisch nach unseren Vorstellungen formen zu können und uns sogar für selbst geschaffene Katastrophen wie einen möglichen Supergau in zahllosen Szenarien am Computer aufs Genaueste vorzubereiten.

Das Bedürfnis, sich und die Welt in den Griff zu bekommen, scheint eine ganz ursprüngliche und mächtige Antriebsfeder des Menschen zu sein.

Dies führt uns ebenso in die Zivilisation und zu Kultur hin, zu Entwicklung und Vervollkommnung auf der einen Seite wie zu gewaltsamer Manipulation alles Lebendigen und damit letztlich zu seiner Zerstörung auf der anderen Seite. Und genau dieses Grundbedürfnis des Menschen, nämlich nicht der eigenen Natur und der eigenen Triebhaftigkeit unterworfen zu sein, sondern sich mächtig, handlungsfähig und kontrollierend zu erleben, attackiert die Suchterkrankung. Der betroffene Mensch meint sich selbst zu entgleiten und wird von dem immer wieder aus dem Nebel des Vergessens hervordrängenden Wissen überwältigt, dass er zumindest zeitweise in seinem Denken und Fühlen, seinem Verhalten und äußeren Erscheinungsbild unkontrolliert entgleist war, in seinem Umgang mit sich und Anderen Seiten gezeigt und ausgelebt hat, die er für und an sich nicht akzeptieren kann.

Der ernüchterte Mensch kann möglicherweise die im Rausch aufgetretenen Seiten der eigenen Person nicht in das ihm bislang vertraute Bild von sich selbst einfügen. Sein Selbstbild stimmt nicht mehr.

Wir alle haben jedoch ein Bild von uns selbst, auf das wir uns in unserem Handeln und Erleben immer wieder beziehen, das uns das sichere Gefühl von unverwechselbarer und konstanter Identität inmitten einer Welt im Fluss vermittelt. Aus der Sicherheit dieses Selbstbildes beziehen wir unsere Selbstachtung und unseren Selbstwert.

Suchtkrankheit bedeutet Kontrollverlust. Der Verlust der Selbstkontrolle bedeutet aber in der Regel die Erschütterung des Selbstbildes. Und dies wiederum beinhaltet einen totalen Anschlag auf Selbstachtung und Identitätsgefühl.

Damit wird ersichtlich, warum suchtkranke Menschen, ebenso wie Menschen in lebensbedrohlichen Situationen, mit Macht zu den Abwehrmechanismen der Seele greifen. Diese Mechanismen ersparen ihnen eine unerträglich werdende Realität und erhalten die Person noch über lange Zeit äußerlich funktionsfähig, wenn in ihnen eine Ahnung von dem Verlust der Kontrolle und dem Ausgeliefertsein an das Verlangen nach dem Suchtmittel aufkeimt.

Scham und Schuld – Gefühle zum Davonlaufen

Wie ich im vorangegangenen Abschnitt geschildert habe, werden bei Sucht eigenartigerweise alle jene Abwehrmechanismen mobilisiert, die wir sonst als Reaktionen auf existenziell bedrohliche Grenzsituationen kennen. Daraus müssen wir schließen, dass die sich entwickelnde Suchtkrankheit für den Betroffenen tatsächlich eine so unerträgliche Bedrohung darstellt, dass sie aus dem Bewusstsein verbannt werden muss.

Ich habe schon einige Überlegungen angestellt, welches Gewicht dabei die Erfahrung des **Kontrollverlustes** im weiteren Sinn haben könnte. Die Bedrohung der Persönlichkeit hat jedoch verschiedene Gesichter. Ein weiterer beängstigender Aspekt scheint die **Triebhaftigkeit** des Suchtverhaltens zu sein. So schildern Betroffene das Dranghafte des Trinkenmüssens, die Gier, den heftigen **Suchtdruck** trotz bester Vorsätze. Sie erinnern sich ihrer **Enthemmung** im Rauschzustand, in dem sie entgegen ihrer sonstigen Gepflogenheit viel leichter bereit waren unter anderem zu **Sexualität** oder **Aggression.** Sich anderntags an den eigenen Anteil bei einer Wirtshausprügelei zu erinnern oder daran, wie man bei seiner Heimkehr Frau und Kinder in Angst versetzt hat, löst ebenso **Beschämung** aus wie das morgendliche Erwachen neben einer wildfremden und wenig anziehenden Person.

Auch wenn das eigene Verhalten nicht in dieser Weise entgleist war, so erinnert sich doch fast jeder an irgendwelche Worte oder Verhaltensweisen, an Angeberei, leeres Geschwafel, Gezänk oder zotiges Benehmen, die er im nüchternen Zustand so kaum zeigen würde.

Ob es sich um feinere oder gröbere „Ausrutscher“ handelt, ist egal. Wichtig ist, wie weit der betroffene Mensch sich unter Alkoholeinfluss entfernt erlebt von seinem nüchternen, kontrollierten Selbst. **Genauer gesagt: Wie weit er sich entfernt von dem gewohnten Bild, das er von sich selbst hat und das er den anderen zeigen möchte, bestimmt das Ausmaß seiner Zerrissenheit**.

Suchtkranke Menschen erleben sich in ihrer nassen Zeit im ständigen Wechselbad zwischen zwei grundsätzlich verschiedenen Seins-Formen, nämlich dem nüchternen und dem alkoholisierten Zustand. Letzterer kann übrigens weit entfernt von einem Rauschzustand sein. Sie erleben sich zunehmend gespalten in ein **kontrolliertes und ein unkontrolliertes Selbst**, dazu polarisiert in die gegensätzlichen Befindlichkeiten von sich

„Wohl-Fühlen“ und sich **„Mies-Fühlen“**. Sie können aus ihrer Sicht etwas nur noch optimal bewältigt oder dabei völlig versagt haben. So fühlen sie sich manchmal nur noch als mickrige kleine **Versager,** mitunter als der letzte Dreck, um sich schon kurze Zeit später als große **Supermacker** aufzuführen.

Besonders diejenigen Betroffenen, die bereits vor ihrer Suchtentwicklung Selbstwertprobleme hatten, keinen stabilen Persönlichkeitskern entwikkeln und Sicherheit in Beziehungen finden konnten, leiden unter dieser zusätzlichen Aufspaltung ihres Erlebens, die die Suchtentwicklung für fast alle mit sich bringt.

Möglicherweise im Zusammenhang mit diesem Pendeln zwischen zwei extremen Polen, möglicherweise aber auch aus ganz anderen Gründen haben gerade suchtkranke Menschen oft keinen sonderlich liebevollen und fürsorglichen Umgang mit sich selbst. Und dies, obwohl sie mit ihrer feuchtfröhlichen Kneipenhockerei und Unzuverlässigkeit vielleicht einen ganz anderen Eindruck erwecken. Im Gegensatz zum Bild des Alkoholikers in der öffentlichen Meinung haben gerade sie einen enorm hohen, ja überzogenen Anspruch an sich selbst. Sie erwarten von sich selbst oft einen Einsatz und eine Perfektion, die man auf Dauer gar nicht erbringen kann. Und hier scheint sich etwas aufzuschaukeln: Je beschämender der Verlust von Kontrolle gegenüber dem Suchtmittel zu sein scheint, um so größer auf der anderen Seite die Anstrengungen, in anderen Bereichen des Lebens möglichst alles fest im Griff zu haben. Je mehr ich erlebe, wie ich mich angetrunken gehen lasse, um so penibler achte ich ansonsten auf Ordnung, auf mein äußeres Erscheinungsbild und meine Haltung. Je mehr ich insgeheim über die Stränge schlage, um so mehr zwinge ich mich zur äußeren Anpassung. Je mehr ich auf der einen Ebene versage, um so mehr versuche ich, auf der anderen zu leisten. Je mehr ich mir zum Beispiel gegenüber meiner Familie zu Schulden kommen lasse, um so mehr versuche ich, durch irgendwelche Sonderleistungen, Geschenke und Nettigkeiten Bonuspunkte zu sammeln.

Da aber, wie sich jeder denken kann, das alles nichts nützt, sobald die Suchtentwicklung erst einmal in Gang gesetzt ist, wird die innere Zerrissenheit des Trinkenden nur immer größer werden. Das Idealbild, dem er entsprechen möchte, und das Feind-Selbstbild, dem er entkommen möchte, klaffen immer weiter auseinander und können sich doch voneinander nicht lösen. Man muss Betroffenen, die nach einer längeren Zeit der Abstinenz zurückblicken, einmal zuhören, wenn sie ihren ganz normalen privaten und beruflichen Alltag während der nassen Zeit schildern. Es erscheint ihnen im nachhinein selbst fast unglaublich, wie viel an Energie, welche **enormen Anstrengungen sie aufgebracht haben für die Aufrechterhaltung ihres Selbstbildes und einer scheinbaren Normalität**. Dieser Kampf, immer weiter auseinanderdriftende Seiten des eigenen Selbst zusammenzuhalten, zermürbt das Selbstbewusstsein über die Jahre ebenso sehr wie das Scheitern an den eigenen Ansprüchen und Vorsätzen. Solange ein Mensch weiterhin seinen Selbstwert-Stabilisator Alkohol gebraucht, wird der **Verlust der Selbstachtung** oft gar nicht so spürbar. Deutlich wird diese Folge der Suchtkrankheit am Tag „danach“ oder in den ersten Monaten der Entwöhnung.

So erlebt man gerade am Anfang einer stationären Therapie die Patienten als so extrem dünnhäutig und empfindlich, so dass mitunter schon fast absurde und komische Situationen entstehen. Manchmal muss man dann auf jedes Wort und jede Geste achten, weil sie von einigen Betroffenen unentwegt auf irgendwelche scheinbaren Abwertungen oder Zurückweisungen hin untersucht werden. Glücklicherweise wächst die Haut bei fast allen rasch nach, so dass man bald wieder ganz zwanglos miteinander reden und auch streiten kann.

Es gibt natürlich auch noch ganz konkrete und reale Gründe, warum Selbstachtung, Selbstsicherheit und Selbstwertgefühl im Verlauf der Suchtentwicklung Schaden nehmen. Bis jemand bereit ist, sein Suchtmittel und die damit für ihn verbundenen Vorteile (siehe „Funktionen des Trinkens“) aufzugeben, hat er meistens schon einige **Verluste** hinnehmen und einiges an Druck von außen ertragen müssen. Möglicherweise hat er große **Geldverluste** hinnehmen müssen, vielleicht sogar seine **Partnerschaft** verloren oder aber **Freunde** aus der Jugendzeit, die seine Trinkerkarriere nicht teilen wollten. Viel häufiger sind aber die vielen kleinen Verluste. Wie im Abschnitt „Süchtig & Co“ noch näher beschrieben wird, verliert der Mann und Vater zuhause möglicherweise seinen **Platz als gleichwertiger Partner** oder als **erziehungsberechtigter Elternteil**. Sukzessive **Zurückstufungen** am Arbeitsplatz, Versetzungen an minderwertige Stellen und unterlassene Beförderungen sind ebenfalls normale Erfahrungen des Trinkenden. All das bedeutet den Verlust von Rollen, vom eigenen Platz in der beruflichen und privaten Umgebung. Es bedeutet auch den Verlust von Lebenskonzepten und Zielen. Dass dies über die Jahre das Selbstbewusstsein untergräbt, ist nachvollziehbar.

Der Betroffene weiß bei aller Verdrängung und Verleugnung auch selbst als allererster, dass er vielen Pflichten und berechtigten Erwartungen nicht nachkommt. Das muss nicht unbedingt heißen, dass er seine Familie nicht materiell versorgen und seiner Arbeit nicht regelmäßig nachgehen würde. Es kann aber bedeuten, dass er für Frau und Kinder, für Freunde und Angehörige als **Beziehungspartner** einfach nicht vorhanden ist, in seinem alkoholisierten Zustand nicht offen für einen tiefergehenden Austausch, für Belange der Kinder nicht genügend belastbar, insgesamt in Beziehungen einfach nicht wirklich präsent ist.

Dass er hier an allen Ecken und Enden etwas „**schuldig bleibt**", spürt er. Und die daraus entstehenden **Schuldgefühle** genügen schon ohne die gröberen Verfehlungen, die leider auch oft genug vorkommen, um eine schwer erträgliche Situation zu schaffen. Die tief sitzende Beschämung des Trinkenden, seine ständig nagenden Schuldgefühle sind für die Umgebung, mitunter auch für ihn selbst, in der nassen Zeit kaum sichtbar. Gerade sie werden rasch „weggespült". Ihre Bedeutung kann jedoch gar nicht überschätzt werden.

Es sind gerade diese Scham- und Schuldgefühle, die den Suchtkranken über viele Jahre davon abhalten, sich die eigene Krankheit bewusst zu machen, die Abwehrmechanismen aufzugeben, sich also der Realität zu stellen.

Und dann, wenn jemand den Ausstieg aus der Suchtkrankheit geschafft hat, sind es gerade diese Scham- und Schuldgefühle, die bei einem Rückfall erst die ganze Katastrophe herbeiführen (siehe Kapitel III).

Scham und Schuldgefühle sind Begleitsymptome der Suchtkrankheit, halten diese über Jahre in Gang und machen sogar beim trockenen Alkoholiker aus einem einmaligen Vorfall einen ausgewachsenen Rückfall.

Kapitel II

SÜCHTIG & CO – die Angehörigen sind mitbetroffen!

Dieses Kapitel möchte Ihnen helfen:

- ☞ Ihre eigene Belastung wahrzunehmen
- ☞ die Notsituation der Kinder zu erkennen
- ☞ Besonderheiten bei Frauensucht zu erfahren
- ☞ zu gesundem Erleben und Handeln zurückzufinden
- ☞ professionelle Hilfsangebote kennen zu lernen
- ☞ Informationen zur Sucht älterer Menschen zu erhalten

Auch die Angehörigen verändern sich

Suchtkrankheit – eine ansteckende Krankheit?

Wir haben bislang vor allem von dem Suchtkranken selbst gesprochen und darüber, wie er reagiert und sich im Laufe der Zeit verändert, während er seine Abhängigkeit entwickelt.

Wir wollen nun aber den Lichtkegel unseres Scheinwerfers,mit dem wir ihn und sein Problem beleuchtet haben, verbreitern und seine nächste Umgebung betrachten. Auch der abhängige Mensch lebt nicht allein und unverbunden. Ein großes Problem besteht darin, dass sich seine Erkrankung innerhalb eines Beziehungsnetzes entwickelt und da, wo sie schließlich manifest wird, durch dieses Netz auch erhalten wird. Ich werde das im Mittelteil dieses Kapitels an einem Beispiel konkret erläutern. Ich stelle nun die These einfach in den Raum, dass Suchtkrankheit sich gerade innerhalb der mitmenschlichen Beziehungen entwickeln und prächtig behaupten kann.

Dies lässt sich leicht dadurch erklären, dass sich die Suchtentwicklung über Jahre hinweg erstreckt, dass sie auf die Angehörigen im Umfeld des Betroffenen Einfluss nimmt und diese ebenfalls allmählich, aber grundlegend verändert.

Für mich sieht es oft so aus, als ob die Veränderungen des Suchtkranken die Grenzen zu den anderen Personen überwinden, die Veränderungen im Denken, Fühlen und Verhalten quasi ansteckend werden könnten.

Schauen wir uns einmal Wahrnehmungen, Gefühle und Abwehrmechanismen der Angehörigen an:

Ich schilderte bereits, dass Menschen angesichts des drohenden Verlustes von Kontrolle über sich selbst und ihr Leben dazu tendieren, mit Hilfe der angeborenen Abwehrmechanismen das wachsende Problem zu verdrängen, zu verleugnen, zu bagatellisieren, zu projizieren, zu rationalisieren und abzuspalten. Am Ende dieser Vorgänge „wissen“ sie selbst oft nichts mehr von ihrer Erkrankung und sind – beinahe – überzeugt, kein Problem zu haben.

Bei den Angehörigen finden wir diese Abwehrmechanismen oft in frappierender Parallelität.

Das soll in folgendem Beispiel aufgezeigt werden:

Es geht um die Suchtkrankheit einer im Kundenkreis sehr beliebten Ehefrau eines Geschäftsinhabers. Das Ehepaar arbeitete jeden Tag zusammen und verbrachte auch die gesamte Freizeit miteinander. Dennoch war dem ansonsten ausgesprochen cleveren Gatten nicht aufgefallen, was für alle dort ein- und ausgehenden Stammkunden offensichtlich war, nämlich dass die Frau massiv trank. Sie betreute die Kundenkartei, machte die Abrechnungen und fast keinem Besucher entging es, dass sie ständig nach Alkohol roch und sich in recht kurzen Abständen diskret aus ihrer Schublade mit Nachschub versorgte.

Da beide Eheleute sehr beliebt waren, wurde häufig mit echtem Bedauern von dem Trinken der Frau gesprochen. Aber niemand kam auf die Idee, die beiden selber darauf anzusprechen. Jeder war auch überzeugt, dass der Mann Bescheid wisse und dass es ihm sicher unangenehm sei, darauf angesprochen zu werden.

So waren zumindest die anwesenden Kunden baff, als sie eines Tages eine Situation mitbekamen, in der die beiden um die Wahrheit nicht mehr herumkamen. An jenem Tag fiel die Ehefrau schlicht und einfach mitten im Geschäft volltrunken die Treppe herunter und musste wegen geringfügiger Verletzungen ins Krankenhaus gebracht werden. Die Ambulanzärzte sprachen den Mann ohne Umschweife und in aller Selbstverständlichkeit auf die offensichtliche Volltrunkenheit der Frau an und wollten wegen der weiteren stationären Behandlung darüber Näheres von ihm erfahren.

Dieser jedoch war wie vor den Kopf geschlagen. Er kam kurz darauf in sein Geschäft zurück, wo einige Kunden auf ihn gewartet hatten, und erzählte ihnen den Vorfall. Auch da kam er zum zweiten Mal auf die Welt, als ihm alle Anwesenden klar machten, dass sie das natürlich die ganze Zeit gesehen hatten und sich nicht vorstellen konnten, dass er es tatsächlich nicht bemerkt haben wollte.

Nun gut, ich will diese Geschichte nicht weiter ausdehnen. Bis jetzt hat sich das Problem der beiden in erfreulicher Weise entwickelt. Die Frau unternahm eine lange Entwöhnungstherapie, die der Ehemann engagiert begleitete, und beide veränderten ihr Zusammenleben hin zu mehr Offenheit und Zufriedenheit.

Die Geschichte zeigt deutlich, dass der Ehemann nicht gesehen hatte, was jeder Fremde auf Anhieb mitbekommen hatte. Das heißt, er hatte bei sich die **gleichen Abwehrmechanismen gegen die Erkenntnis der Wahrheit** aufgebaut wie seine Frau.

Auch Angehörige, bei denen die Abwehr nicht ganz so perfekt funktioniert wie bei diesem Paar, erleben dadurch eine Art von **Gehirnwäsche**. Dabei wird eine ständige Unsicherheit erzeugt, ob man seiner eigenen Wahrnehmung überhaupt trauen könne, und erst recht, ob man mit seiner Beurteilung der Situation richtig liege.

Einfach gesagt: Die Angehörigen sehen, riechen und hören alle eindeutigen Signale – und sind sich bald darauf gar nicht mehr so sicher. Sie kommen zu der Erkenntnis, dass ihr Partner oder Vater oder Bruder abnorm trinkt, – und sind sich gleich darauf nicht mehr sicher, ob hier nun eigentlich ein Problem vorliegt oder doch nicht.

Sie erleben die Situation wie ein Vexierbild, bei dem alle Teilchen sich schon wieder zu einem neuen Eindruck gefügt haben, kaum dass das Bild einmal für einen Moment fest stand. Diese permanente Unsicherheit, ob man denn nun der eigenen Wahrnehmung und dem eigenen Urteil trauen dürfe oder nicht, ist ungeheuer anstrengend. Es hält die Angehörigen in Atem und beschäftigt sie gedanklich oft so intensiv, dass sie davon nicht weniger vereinnahmt werden als der Süchtige von der Beschäftigung mit seinem Suchtmittel.

Angehörige können im Nachhinein oft auch eine ganze Reihe von Geschichten erzählen, wie sie das Problem gegenüber den eigenen oder den Schwiegereltern **verheimlicht** oder **abgestritten** haben, wie sie selbst trotz größter Besorgnis nach **verharmlosenden Erklärungen gesucht** und sich mit dem viel schlimmeren Trinkverhalten des Nachbarn beruhigt hatten, wie sie durchaus interessiert einer Fernsehsendung über Alkoholismus gefolgt waren, **ohne** daraus die **geringsten Rückschlüsse** auf die eigene Familiensituation zu ziehen.

Aber nicht nur die Abwehrmechanismen sind „ansteckend". Die Parallelerfahrungen der Angehörigen beginnen bereits mit den Gefühlen und dem Erleben, die die Abwehrmechanismen erst in Gang setzen. Nehmen wir einmal das **Bedürfnis nach Kontrolle** und das den Menschen anscheinend zutiefst widerstrebende Erleben des Kontrollverlustes.

Auch die Angehörigen spüren, dass hier etwas völlig entgleist, dass von irgendwo her in die Beziehungen und in die Familie ein zerstörerisches Chaos einzudringen droht.

Der Betroffene spürt, wie er die Kontrolle über sein Verhalten und über sein Leben allmählich verliert und reagiert mit Gegenmaßnahmen. Auch der Angehörige reagiert, indem er versucht, **den immer unkontrollierter**

Trinkenden zu kontrollieren. Die Liste der vergeblichen Kontrollversuche ist fast endlos, deshalb will ich nur kurz beispielhaft aufzeigen, was damit gemeint ist: So sorgen die Angehörigen entweder dafür, dass kein Alkohol mehr eingekauft wird, oder versuchen im Gegenteil, den Alkoholkonsum auf zu Hause zu beschränken, damit er quasi unter ihren Augen und ohne die durch Trunkenheitsfahrten drohenden Gefahren stattfinden kann. Sie durchsuchen Taschen, stehen abendelang am Fenster, suchen in Keller und Werkstatt nach Depots, versuchen durch Schimpfen und Schmollen wenigstens das sechste oder siebte Bier noch zu verhindern.

Der Versuch, Kontrolle über das gemeinsame Leben zu behalten, weitet sich auch auf andere Bereiche aus. Wie der Trinkende selber versucht, durch besondere Anstrengung, Überkorrektheit und besondere Gefälligkeit seine Schwäche auszugleichen und gute Punkte zu sammeln, so versuchen die Angehörigen möglicherweise durch besondere Mühe, nach außen möglichst geordnet und intakt zu erscheinen. Sie versuchen, das auffällige Verhalten des Trinkenden zu vertuschen, Pflichten und Aufgabenbereiche von ihm zu übernehmen und im Übrigen nur ja alles recht zu machen.

Dass dies ebenso wenig weiterhilft wie die Kontrollversuche des Trinkenden selber, braucht kaum erwähnt zu werden.

Diese Vergeblichkeit allen Bemühens hinterlässt bei den Angehörigen oft eine fast unerträgliche **Wut** und **Verbitterung.**

Ein anderes Gefühl, das sich anscheinend epidemisch ausbreiten kann, ist die Scham. Der Trinkende schämt sich darüber, dass er fast triebhaft begierig zu seinem Suchtmittel greift und diesen Drang nicht kontrollieren kann, dass er immer weniger der Person gleicht, die er idealerweise zu sein wünscht. Die Angehörigen fangen ebenfalls an, obwohl sie selber ja gar nicht trinken, Scham zu empfinden. Sie schämen sich, keine „gute" Familie zu sein, irgendeinen Makel zu haben, **anders zu sein**.

Vor allem aber wird die Scham des Betroffenen zu einem Gefühl von **loyaler Peinlichkeit**. Es ist peinlich, wie sich der Trinkende benimmt, aber auch peinlich für ihn, darauf angesprochen zu werden. Und ebenso peinlich ist es, ihn zu verraten.

Das ganze Thema wird peinlich und unaussprechlich. Scham und Peinlichkeit führen direkt zu **Sprachlosigkeit**. Diese Sprachlosigkeit breitet sich oft auch innerhalb der Partnerschaft und Familie aus, manchmal wurde seit Jahren nicht mehr über die wirklich wichtigen Themen gesprochen.

Auch **Schuldgefühle** erfahren einen verwunderlichen Transport von einem Familienmitglied zum nächsten. Der Betroffene fühlt sich schuldig wegen seines Verhaltens, seiner Ausfälle und Unzulänglichkeiten, schuldig auch für alles, was er eben zwangsläufig schuldig bleiben muss. Schuldgefühle sind ekelhaft und werden deshalb wie eine schlechte Karte nach Möglichkeit weitergegeben. Da kommt auf einmal die Schwiegermutter daher und wirft der überraschten Schwiegertochter vor, am Trinken des Sohnes schuld zu sein. Oder umgekehrt haut die entnervte Ehefrau ihrer Schwiegermutter im Zorn um die Ohren, dass der Mann bei ihrer Erziehung ja gar nicht anders hätte geraten können. Die Arbeitsplatzsituation wird beschuldigt, der üble Freundeskreis, in den er rein zufällig geraten ist, und so weiter.

Schuld wird weitergereicht im Beziehungsnetz des Trinkenden, Schuld ziehen sich die Einzelnen aber auch in ihrer Suche nach Erklärungen immer wieder selber an. Die Frau fragt sich, ob sein letzter Rückfall mit ihrer Streitsucht oder ihrem lieblosen Verhalten zusammengehangen habe, die Eltern martern sich wegen tatsächlicher oder vermeintlicher Erziehungsfehler.

Häufig kommt es dadurch zu einem massiven **Verlust des Selbstwertgefühles**. All diese Entwicklungen, d. h. das zunehmende **Mißtrauen in die eigene Wahrnehmung** und das eigene Urteil, die **Versagensgefühle** bei all den vergeblichen Kontroll- und Ordnungsversuchen, **Scham- und Schuldgefühle**, das Erleben von **Heimlichkeit** und **Sprachlosigkeit** führen schließlich dazu, dass auch die Angehörigen **ihre innere Sicherheit und Selbstachtung, ihr Selbstwertgefühl verlieren**. Immer wieder schildern z. B. Frauen in Angehörigengruppen, wie sie sich jahrelang zunehmend kleiner und wertloser gefühlt, wie sie sich selbst nichts mehr zugetraut und sich immer mehr in sich zurückgezogen hätten.

Vielleicht haben Sie sich in dieser Schilderung typischer Veränderungen von Angehörigen in Suchtfamilien in dem einen oder anderen Punkt wieder erkannt. Gleichgültig, in welcher Beziehung Sie zu Ihrem betroffenen Familienmitglied stehen, also ob Sie Elternteil, Partner, Partnerin oder Kind sind, – Sie werden mit ziemlicher Sicherheit im Laufe der Zeit Veränderungen durchgemacht und Belastungen erfahren haben.

Um das Gesagte weiter zu vertiefen, werden wir uns im Folgenden einer für unser Problem typischen Familiengeschichte zuwenden.

Sucht und Familie –
Die Geschichte der Familie Üblich

Hier sehen Sie die glückliche Familie von Herrn Anton Üblich:

Die Sonne scheint über dieser Familie, denn sie hat für alle Beteiligten förderliche Beziehungsmuster und ist insgesamt gesund und intakt.

Familie Üblich erfüllt folgende Idealvorstellungen, die ein Psychologenherz zwar höher schlagen, sich in Wirklichkeit aber nie so idealtypisch antreffen lassen würden:

- ☐ Herr und Frau Üblich sind hier einander ebenbürtige und erwachsene **Partner,** d. h. sie teilen sich
  - Verantwortung,
  - Rechte und Pflichten,
  - Macht,
  - Spaß und Freiräume.

- ☐ Herr und Frau Üblich sind beide als **Eltern** vorhanden, d. h. sie teilen sich in Bezug auf die Kinder
  - Verantwortung,
  - Rechte und Pflichten,
  - Macht,
  - Spaß und Freiräume.

- ☐ Die **Familienhierarchie** steht, d. h.: Es ist ganz klar, wer mit wem Entscheidungen trifft, wer wen kontrolliert und wer für wen sorgt. Es sind stets die Eltern, die Entscheidungsbefugnis und Kontrolle innehaben sowie die Sorge für die Kinder tragen, nicht umgekehrt!

- ☐ Die **Kinder sind Kinder**, d. h.
  - sie dürfen spielen und ausprobieren,
  - sie dürfen Bedürfnisse haben,
  - sie dürfen die Erwachsenen brauchen,
  - sie dürfen Schutz, Grenzen und Führung erfahren.
- ☐ Es gibt individuelle **Grenzen,** d. h. es gibt nicht nur Grenzen zwischen Partner- und Elternrollen, es gibt nicht nur Grenzen zwischen Eltern und Kindern, sondern es gibt auch Grenzen zwischen den einzelnen Individuen, die sich in unterschiedlichen Vorstellungen, Meinungen, Interessen, Beziehungen, Zielen, Befindlichkeiten und Beurteilungen ausdrücken können.
- ☐ Die Familie ist **nach außen offen,** d. h. die Familie erlebt sich zwar als eine besondere und nach außen hin unterschiedene Einheit, lässt aber Einflüsse von außen herein und ermöglicht das Hinaustragen von Informationen und Außenkontakte für jedes Familienmitglied.

Die Familie bekommt ein neues Mitglied: Alkohol

Die Sucht entwickelt sich.

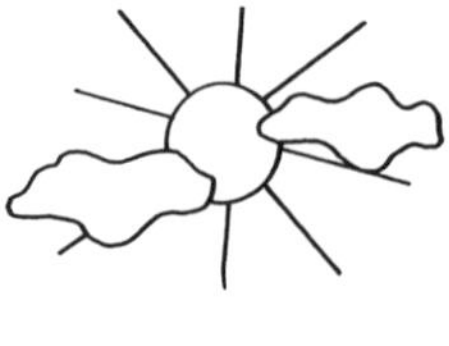

Herr Üblich und seine Familie machen eine Entwicklung in mehreren Phasen durch:

Phase 1 – Verleugnung

- ☐ **Verwirrung und Angst** schleichen sich allmählich in die Familie ein. Jedes Familienmitglied, auch das kleinste Kind, spürt zunehmend, dass irgendetwas nicht stimmt und dass etwas Bedrohliches abläuft, das anscheinend nicht zu stoppen ist.
  - Das **Nicht-Wahrhaben-Wollen** des Betroffenen ergreift auch die Angehörigen. Man möchte eine gute Familie sein, einen guten Mann und guten Vater haben, also darf nicht sein, was nicht sein darf. Die Abwehrmechanismen beginnen mit Verdrängung und Verleugnung wirksam zu werden.
  - **Scham** entwickelt sich bei **allen** Familienmitgliedern. Der Betroffene schämt sich für seine immer wieder auftretenden kleineren oder größeren Entgleisungen, die Angehörigen schämen sich für ihn vor anderen oder wollen ihn nicht beschämen und bloßstellen. Dies führt allmählich zu einer **Schweigemauer** nach innen und nach außen.
- ☐ Die **Grenzen nach außen** werden **dichter** gemacht. Der Betroffene, ebenso aber auch die Frau und die Kinder beginnen darauf zu achten, was und wieviel sie mit Außenstehenden besprechen, wieweit sie in ihr Familienleben hineinschauen lassen. Auch wertvolle und tragende Außenbeziehungen werden so allmählich in ihrer Qualität ausgedünnt und auf Distanz gebracht.
- ☐ Die **Grenzen der Individuen nach innen** werden dagegen allmählich immer **durchlässiger**. So wie die Scham des einen die Scham der anderen wird, so werden Angst, Sorge und Depression allmählich Gefühle, die von einem zum anderen verschoben werden können, bis keiner mehr richtig spürt, wie es ihm eigentlich selbst ergeht und was er für sich denkt.

Phase 2 – Die Versuche, das Problem in den Griff zu bekommen

- ☐ Der Betroffene unternimmt **vergebliche Versuche der Selbstkontrolle**. Während er gegen die bittere Erkenntnis ankämpft, die Kontrolle bereits verloren zu haben, fallen ihm immer weiter gesteckte Grenzen ein, an denen er die Reste seiner Selbstkontrolle zu beweisen versucht. So nimmt er sich vor, nicht vor dem Abend zu trinken, nur zu Hause oder nur im Stammlokal, nur Bier und keinen Schnaps, nicht bei öffentlichen Feierlichkeiten und nicht vor einer angesetzten betriebsärztlichen Untersuchung. Da er jedoch im Laufe der Zeit durchaus selbst wahrnimmt, dass er seine gesteckten Grenzen immer wieder überschreitet und anschließend ausweitet, erlebt er diese Versuche trotz allen Verdrängens und Verleugnens schließlich als gescheitert.
- ☐ Parallel dazu **unternehmen auch die Familienangehörigen** von außen immer ausgefeiltere **Kontrollversuche,** die jedoch ebenfalls zum Scheitern verurteilt sind. Sie zählen die Getränke bei Festlichkeiten und drängen zum Aufbruch, wenn ihrer Meinung nach das Maß erfüllt ist. Sie füllen Cognacflaschen mit Wasser auf, schmeißen die gesamten Vorräte in den Müll oder versuchen eine alkoholfreie Zone zu Hause zu errichten. Andere wiederum schaffen den Alkohol selbst herbei, damit der Betroffene wenigstens unter Aufsicht trinkt und sich und andere nicht durch mögliche Trunkenheitsfahrten gefährdet. Die Angehörigen versuchen mit Schimpfen und Mahnen, Drängen und Raten dem Entgleisen des Partners oder des Vaters Einhalt zu gebieten.
- ☐ **Scham und Schuldgefühle wachsen auf beiden Seiten ins Unerträgliche**. Der eine schämt sich, weil er sein Trinken ebenso wie sein sonstiges Verhalten immer weniger kontrollieren kann, die anderen schämen sich für ihn, für ihre plötzlich „anders“ erscheinende Familie und

dafür, mit allen Bemühungen und Versuchen offensichtlich zu versagen. Die Schuldgefühle des Betroffenen rühren von seiner an sich richtigen Wahrnehmung, dass er sich selbst, seiner Frau, den Kinden, vielleicht auch den Arbeitskollegen gegenüber etwas schuldig bleibt. Die Schuldgefühle der anderen rühren daher, dass sie meinen, sie hätten etwas falsch gemacht, dass es soweit kommen konnte. Die Frau fürchtet, nicht genug geliebt zu haben, zu wenig Verständnis gezeigt, nie das Richtige getan zu haben, um diese Entwicklung zu verhindern. Auch die Kinder, gerade die Kleinsten, legen sich mitunter eine Schuld, eine eigene Beteiligung an dem Unglück der Familie zurecht, vielleicht um so das Gefühl von Hilflosigkeit zu verhindern.

- ☐ Die **Grenzen nach außen werden noch fester geschlossen**, die Schweigemauer wird noch höher gebaut. Wenn alle in dieser Familie überzeugt sind, dass sie in beschämender Weise anders als andere Familien sind und alle miteinander erbärmlich versagt haben, dann wird verständlich, dass sich in dieser Familie niemand nach außen öffnen mag und von dort auch kaum Unterstützung oder Hilfe erwartet.

- ☐ Die **Grenzen der Individuen** innen werden womöglich **fast vollständig aufgehoben**. Die Angst des einen wird die Angst des andern. Jeder achtet nur noch darauf, wie es den anderen ergeht, wie man heute am besten reagieren sollte und was heute das Nötigste ist, um eine drohende Entgleisung aufzuhalten. Niemand achtet mehr auf das eigene Befinden und handelt entsprechend, jeder ist mit der Beobachtung der anderen und darauf abgestimmten Reaktionen befasst. Der Betroffene bemüht sich, Frau und Kinder abzulenken, um Freiräume für das notwendig gewordene Trinken zu ergattern, die Angehörigen bemühen sich im Gegenzug, am Ball zu bleiben und alles Mögliche zu verhüten und zu vermeiden. So wächst das gegenseitige Beobachten und Belauern, somit wächst auch der alltägliche Angstpegel aller Beteiligten.

- ☐ Immer mehr **Energie** wird von allen in den **Tanz um das Suchtmittel** gesteckt. Nicht nur der Betroffene dreht sich zwanghaft um das Suchtmittel, auch die Angehörigen mit ihren Gegensteuerungsversuchen drehen sich letztendlich wie angekettet um das Suchtmittel.

Phase 3 – Resignation und Anpassung an das Problem = Erhalt der Familie mit dem Suchtmittel

- ☐ Das Ehepaar Üblich hat inzwischen drastische Veränderungen in der **Paarbeziehung** durchgemacht.
  - Pflichten,
  - Rechte,
  - Verantwortung und Macht sind nicht mehr gleichmäßig verteilt und verhandelbar.
- ☐ Ebenso haben die beiden Partner Änderungen in ihren **elterlichen Funktionen** erfahren.
  - Pflichten,
  - Rechte,
  - Verantwortung und Macht sind nicht mehr gleichmäßig verteilt und verhandelbar.
- ☐ Auch die **Kinder** haben Änderungen in ihrem Verhalten, Erleben und Denken entwickelt.
- ☐ Die Veränderungen im Kontakt zur **Außenwelt** erreichen ihr Endstadium, was eine recht bedrückende Situation für die Familie oder einzelne Familienmitglieder sein kann.
- ☐ Spaß, Freiräume und Leichtigkeit schwinden.
- ☐ Statt miteinander reden zu können, wird gestritten oder geschwiegen.

Am Ende dieser Entwicklung steht ein völlig anderes Bild der Familie Üblich:

Macht-/ Größenverhältnis ungleich, fast Mutter-Kind-Beziehung. Einsamkeit auf beiden Seiten.

Der „Sündenbock" baut viel Mist, will vom Problem ablenken, holt negative Aufmerksamkeit, holt unbewusst Hilfe.

Die „Trümmerfrau" regelt alles, trifft Entscheidungen, hat alleine Verantwortung und Macht, sorgt sich.

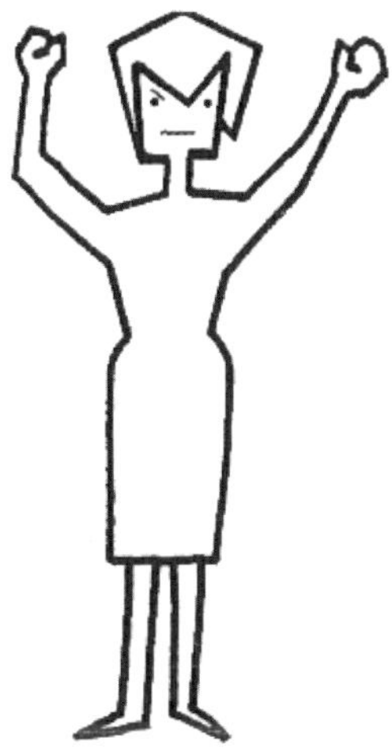

„Clown / Maskottchen" sorgt für gute Stimmung, zeigt, dass alles in Ordnung und lustig ist, „braucht nichts"

„Held / Heldin" übernimmt elterliche Verantwortung, unterstützt die Mutter, stellt eigene Wünsche zurück.

Das „Träumerle" wird unproblematisch, zieht sich zurück, „braucht nichts".

Das Bild von der glücklichen Familie Üblich stimmt nun überhaupt nicht mehr. Vielleicht nimmt Herr Üblich an seinem Arbeitsplatz noch seine Aufgaben wahr, ja vielleicht engagiert er sich gerade dort aus Angst und zum Ausgleich besonders stark. Vielleicht gibt es auch andere Bereiche in seinem Leben, in denen er seinen Platz noch einnimmt. In seiner Familie ist aber sein Platz sehr klein geworden und abgekapselt von den anderen Familienmitgliedern durch die zunehmende Sprachlosigkeit und seinen Rückzug auf die Flasche. Sowohl als Partner als auch als Vater beteiligt er sich möglicherweise nicht mehr an den verschiedenen anstehenden Entscheidungen. Vielleicht beziehen ihn die anderen auch nicht mehr mit ein, da er sowieso seine Fähigkeiten verloren hat, geduldig, offen und engagiert die nötigen Themen zu besprechen. Da seine seelische und geistige Belastbarkeit, seine Beziehungs- und Gesprächsfähigkeit insgesamt nachgelassen haben, fahren die anderen Familienmitglieder besser, wenn sie einfach an ihm vorbei entscheiden.

Wie aus Untersuchungen hervorgeht, scheinen übrigens die Männer in Suchtfamilien ihre Isolation, ihren Abstand von den anderen Familienmitgliedern und ihre Machteinbuße selbst gar nicht wahrzunehmen. Häufig haben sie eine ganz andere Sicht von den innerfamiliären Beziehungen als die übrigen Familienmitglieder. Doch auch Herr Üblich wird bei allen Fähigkeiten zur Selbsttäuschung immer wieder die schrecklichen klaren Momente haben, in denen ihn seine Einsamkeit und sein klein gewordener Platz als Partner und als Vater bedrücken werden.

Auf dem Bild ist zu sehen, dass Frau Üblich zwar als Einzige in der Familie noch auf ihrem Platz steht, dass sie aber irgendwie zu groß und zu breit geworden ist. Sie hat sich angewöhnen müssen, viele praktische oder Beziehungsaufgaben ihres Mannes mit zu übernehmen und hat davon einen breiten Rücken bekommen. Sie hat gelernt, Entscheidungen ganz alleine zu treffen und die Familienangelegenheiten ohne allzu viel Rücksprache nach bestem Wissen und Gewissen zu regeln. Dadurch ist sie vielleicht überlastet, manchmal auch erschöpft und tieftraurig. Sie hat jedoch auch Stärken entwickeln müssen, von denen sie vorher vielleicht gar nichts wusste. Sie hat außerdem einen Machtzuwachs in der Familie erfahren. Bei aller Einsamkeit und Erschöpfung ist es wenigstens ein bisschen angenehm, das Familienleben nach dem eigenen Kopf regeln und entscheiden

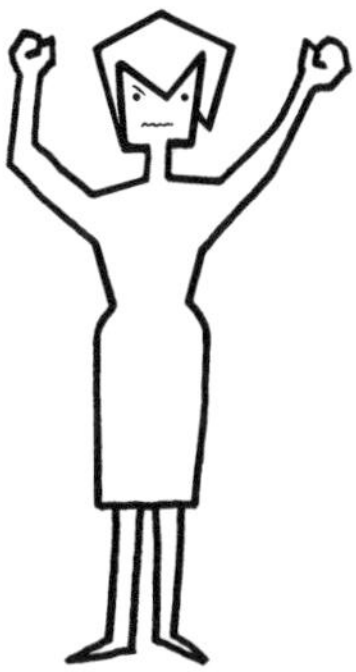

zu können. Sie sorgt für alle und sorgt sich ständig, andererseits scheint sie selber fast nichts mehr zu brauchen. Sie ist so eine Art Nachkriegs-„**Trümmerfrau**“ geworden, die aus Not und ohne den Mann groß und stark werden musste, diesen als echten Partner aber auch fast nicht mehr braucht.

Eine erschreckende Veränderung hat es auch bei den Üblich-Kindern gegeben. Keines der Kinder ist mehr an seinem Platz, keines der Kinder hat mehr die altersgemäße Größe oder den richtigen Abstand, beziehungsweise die richtige Nähe zum Familienzentrum.

Wie man sieht, ist aus der Paarbeziehung der Üblichs durch die Verschiebung von Rechten, Pflichten und Verantwortlichkeiten fast so etwas wie eine Mutter-Kind-Beziehung geworden. So schildern auch manche Ehefrauen ihren Partner eher als zusätzliches Kind. Andere Frauen von alkoholabhängigen Männern verschieben ihren Kinderwunsch immer wieder in dem Gefühl, dass der Platz des Kindes in der Familie eigentlich schon besetzt sei und für ein echtes Kind insofern keine Kraft und kein Platz zur Verfügung stünde.

Ich habe Familie Üblich mit vier Kindern ausgestattet, da Familientherapeuten in der Befragung und Untersuchung vieler Suchtfamilien eben vier typische Rollen gefunden haben, mit denen Kinder auf den Einbruch der Suchtkrankheit in ihre Familie reagieren. Diese Rollen sind natürlich auch austauschbar, bzw. jedes Kind, insbesondere ein Einzelkind,kann auch zwischen den verschiedenen Rollen wechseln. All diese Rollen sind als Reaktion zu verstehen und als kaum bewusste Lösungsversuche in einer Notsituation.

Fangen wir mit der Rolle an, die nächst der Mutter positioniert ist. Sehr häufig ist es ein älteres Kind, der älteste Sohn oder die älteste Tochter, das diesen Platz neben der Mutter einnimmt. Dieses Kind wird von Familientherapeuten **„Kleiner Held“** oder **„Kleine Heldin“** genannt. In unserem Fall ist es die älteste Tochter der Üblichs, die sich die Not und die Überlastung der Mutter zu Herzen nimmt und den Mangel spürt, den das zunehmende Wegfallen des Vaters auslöst. Sie stellt sich ihr als Vertrauensperson und Ansprechpartnerin zu Verfügung, trifft vielleicht mit ihr zusammen die Entscheidungen über die anzuschaffende Waschmaschine oder den Übertritt eines jüngeren Bruders an eine andere Schule, worüber Frau Üblich unter anderen Umständen eigentlich lieber mit ihrem Mann diskutiert hätte. Diese Üblich-Tochter wirkt ausgesprochen frühreif im Sinne von Tüchtigkeit und Verantwortungsfähigkeit, sie betreut die kleineren Geschwister mit und fällt in der Schule durch gute Leistungen, ihre vernünftige Art und ihren beherrschten Umgang auf. Dafür erhält sie vermutlich von der Mutter, vielleicht sogar vom Vater, von den Lehrern und anderen Außenstehenden viel Anerkennung, was sie im Beibehalten dieser Rolle bestärkt. Was dabei nicht auffällt, ist, dass dieses Mädchen in der Familie zu groß geworden ist und am falschen Platz steht. Sie wird Ersatzpartner der Mutter und fällt aus dem geschwisterlichen Verbund heraus. Dadurch verliert sie ihren natürlichen Platz und auch die ihr zustehenden Bedingungen, um sich ganz entwickeln zu können. Als kleine Erwachsene verliert sie nämlich die Möglichkeit, Kind sein zu dürfen, als rechte Hand der Mutter verliert sie das Anrecht, etwas zu brauchen und sich etwas zu holen. Wenn sie sich an diese hoch anerkannte Rolle gewöhnt hat, dann spürt sie möglicherweise ihre eigenen Schwächen, Bedürfnisse und Nöte gar nicht mehr, verlernt über das Sorgen für andere das notwendige Sorgen für sich selbst. Dies bereitet sie gut vor auf helfende Berufe oder auf die Wahl eines ebenfalls abhängigen Partners. Es gibt ihr das traurige Lebensmotto mit auf den Weg, dass Liebe nur durch Selbstaufgabe und Leistung zu erlangen sei.

Schauen wir uns einmal andere Rollen an, die die Kinder in der Suchtfamilie Üblich noch übernehmen können. Ein jüngeres Kind ist möglicherweise besonders empfänglich für die spürbare Erschöpfung der Eltern. Es nimmt sehr sensibel wahr, dass der Vater von dem Kampf mit seinem Suchtmittel völlig vereinnahmt ist und dass die Mutter durch ihre zusätzlich entstandenen Aufgaben und Sorgen viel zu erschöpft ist, um noch Kräfte für die Kinder übrig zu haben. So entscheidet sich dieses Kind vielleicht dafür, die Eltern nach Kräften zu entlasten, indem es sie selber so wenig wie möglich in Anspruch nimmt. Dieses Kind entwickelt sich vielleicht zu einem so genannten **„Träumerle“**. An diesem Kind werden alle zunächst ihre Freude haben, weil es ja so unproblematisch und pflegeleicht ist. In unserer Familie ist es der jüngste Sohn, der sich am liebsten in sein Zimmer zurückzieht und dort stundenlang alleine spielt oder liest. Dieses Kind redet nicht viel, zeigt auch bei Enttäuschungen keine heftigeren Gefühle und scheint mit sich und der Welt zufrieden zu sein. Es vermittelt seinen Eltern, besonders auch der Mutter, dass es keine besondere Aufmerksamkeit braucht. Was dabei oft übersehen wird, ist, dass dieses so stille und reizende Kindchen eigentlich sehr weit entfernt ist von den anderen Familienmitgliedern, sein reales Alleinsein durch schöne Tagträumereien retuschiert, seine sprachlichen Fähigkeiten sowie seine Fähigkeiten zur Selbstbehauptung wenig entwickelt. Die Not dieses Kindes fällt häufig erst in der Schule auf, durch mangelnde Beteiligung und geringere Leistungen, vielleicht auch dadurch, dass es kaum Anschluss findet oder sich von durchsetzungsfähigeren Kindern herumschubsen lässt. Dass dieses schüchterne und viel zu stille Kind später Gefahr laufen könnte, Alkohol ebenfalls als enthemmendes Mittel im geselligen Kontakt einzusetzen, erscheint nachvollziehbar.

Unsere Familie Üblich hat nun noch eine mittlere Tochter, die auf ihre Weise ebenfalls zur Stabilisierung der Familie beitragen möchte. Sie ist von ihrer Art her vielleicht ein temperamentvolles Kind, das ganz besonders empfindlich reagiert auf die düstere, resignierte und depressive Stimmung in der Familie. Diese Üblich-Tochter sieht nun möglicherweise ihr Einsatzgebiet darin, die Stimmung in der Familie zu heben und für gute Laune zu sorgen. Hierzu wählt sie die Rolle des **„Clowns“** oder **„Maskottchens“**. Ihr bereits vorhandenes Temperament entwickelt sie so weiter, dass sie zu einem rechten Quirl wird, ständig in Bewegung, redselig, sprudelnd vor Ideen und guter Laune. Sogar der immer mehr mit sich beschäftigte Vater freut sich über den Anblick seines Sonnenscheinchens, schließlich ist sie die einzige in der Familie, die nie die Schultern hängen lässt und nie Vorwürfe macht. Auch in der Schule und in der Nachbarschaft wird dieses Kind beliebt sein und im Beibehalten seiner Rolle bestärkt werden. Nur, wenn sie einmal gar zu sehr aufdrehen sollte, wird es der Umgebung zu viel werden. Auch dieses putzmuntere Kind scheint keine besonderen Probleme zu haben, denn der stille Kummer hinter der lärmenden Fassade wird nicht gehört. Dieses Kind vermittelt der Familie und der Außenwelt, dass doch alles in Ordnung sei. Es versucht, die Versagensgefühle der Familie sowie die Beschämung über ihr Anderssein dadurch zu entkräften, dass es mit großem Einsatz und lautstark das Bild einer fröhlichen und harmonischen Familie zeichnet. Mitunter wird dieses Kind sich so gut in seine Rolle hineingelebt haben, dass es selbst nur noch an sein falsches Bild glaubt und von der eigenen Betroffenheit und Traurigkeit nichts mehr weiß. Auch diese Tochter wird möglicherweise recht gut darauf vorbereitet sein, die Frau eines alkoholabhängigen Mannes zu werden oder sich in irgendwelche schädliche und belastende Beziehungskonstellationen zu begeben, die sie mit einem Schulterzucken wegzulachen versuchen wird. Aber auch für eine eigene Suchtentwicklung ist dieses Kind prädestiniert. Es entwickelt sich möglicherweise zu einer Stimmungskanone, die auf keinem Betriebsfest und keiner Vereinsfeier fehlen darf und die die immer wieder aufbrechende Traurigkeit ebenfalls durch Alkohol oder Medikamente zu dämpfen sucht.

Dieses Mädchen hat auch nicht mehr ihren angestammten Platz in der Familie. Es wirbelt zwischen allen Familienmitgliedern hin und her und versucht, diese aufzuheitern. Es kann sich dabei nur wenig Ruhe und Selbstbesinnung gönnen und gibt sich kleiner als es ist. Es sorgt nicht dafür, ernst genommen zu werden. Auch dies geht auf Kosten seiner eigenen Bedürfnisse.

Nun haben die Üblichs noch einen mittleren Sohn. Dieser scheint sich auf ersten Blick für die Sorgen der Familie überhaupt nicht zu interessieren. Er erscheint rotzig, schwer führbar und ist dauernd unterwegs. Wenn er heimkommt, bringt er meistens irgendeinen Ärger mit. In der Schule stört er möglicherweise, ständig melden sich Lehrer bei den entnervten Eltern. Beim Nachbarn hat er eine Scheibe kaputt gemacht, im Laden an der Ekke ist er bei einem kleinen Diebstahl erwischt worden. Der Junge baut nichts als Mist und scheint den Eltern noch ihre allerletzten Kräfte zu nehmen.

In Wirklichkeit ist dieses Kind für die Not der Familie alles andere als unempfänglich. Es hat lediglich einen anderen Lösungsversuch unternommen, um die Familie zu stabilisieren. Es hat die Rolle des **„Sündenbocks“** gewählt. Gerade er ist vielleicht das Kind, das am meisten bedrückt war durch die Sprachlosigkeit zwischen den Eltern und das sich besonders mit dem in der Familie isolierten Vater identifiziert, auf dem jeder nur noch herumhackt und dem jeder die Schuld an der Misere gibt. Er versucht den Vater aus der Rolle des alleinigen Schuftes herauszuholen, indem er für noch mehr Ärger sorgt. Zugleich schafft er es durch seinen Einsatz, dass die Eltern immer wieder miteinander reden müssen und wenn es nur bei den Gelegenheiten ist, in denen sie zum Schuldirektor bestellt werden. So lernt dieses Kind, sich Aufmerksamkeit zu holen, jedoch immer mit negativen Vorzeichen. Funktioniert dies, lernt das Kind möglicherweise, sich mit dieser Rolle zu identifizieren und auch als Erwachsener Selbstgefühl und Selbstwert durch eine negative Identität zu suchen. Eine eigene Suchtentwicklung und/oder der Gang in die Kriminalität werden möglich. Dass auch dieses Kind nicht wirklich glücklich ist, ist wohl selbstverständlich. Es kann sein ganz natürliches Bedürfnis, ein gutes Kind zu sein und Liebe und Anerkennung zu erfahren, so nicht stillen, sondern holt sich Beachtung in tragischer Weise nur über Schimpfen, Abwertung, Strafen und vielleicht sogar Schläge. Es lernt, dass sein Platz immer auf der anderen Seite ist.

Das Ergebnis dieser Entwicklung ist, dass es keinem Mitglied der Familie Üblich noch irgendwie gut geht.

Fassen wir noch einmal zusammen, was der Familie und ihren Mitgliedern durch die Suchterkrankung widerfahren ist:

1. Die natürlichen Plätze, Rechte und Funktionen jedes Familienmitgliedes haben sich geändert.
2. Die natürliche Hierarchie in der Familie besteht nicht mehr.
3. Unter enormem Energieverschleiß bemüht sich jedes Familienmitglied, selbst das Kleinste, um Lösungsversuche.
4. Dadurch kommt niemand in dieser Familie mehr dazu, sich um die eigenen und ganz gesunden Bedürfnisse zu kümmern.
5. Persönliche Entwicklungen sind dadurch bei den einzelnen Familienmitgliedern zunehmend behindert.
6. Die zunehmende Isolation nach außen trägt zusätzlich dazu bei, dass der Spielraum jedes Einzelnen immer kleiner wird.
7. Alle haben sich verändert und sind als krank anzusehen.

Abhängigkeit und Co-Abhängigkeit sind als Krankheit der ganzen Familie entstanden.

Wie geht nun die Geschichte der Familie Üblich weiter?

Ein Wechsel tritt ein:

Nehmen wir an, dass Frau Üblich irgendwann die Grenzen ihrer Kräfte oder ihrer Geduld erreicht hat und sich unerwartet anders verhält. Sie „verrät“ zum Beispiel ihren Mann bei dessen Vorgesetzten, statt ihn wie bisher zu entschuldigen. Oder sie hört damit auf, Verantwortungen und „Aufräumarbeiten“ für ihn zu übernehmen. Eventuell droht sie auch erstmals glaubhaft mit Scheidung. Was auch immer es ist, was Frau Üblich nun anders handhabt, es hat die lang ersehnten positiven Auswirkungen. Herr Üblich verlässt die Flasche und den abgeschotteten Bunker, in den er sich zurückgezogen hat. Er unternimmt irgendetwas, in unserem Fall soll dies schließlich zu einer stationären Langzeittherapie führen. Nehmen wir einmal an, dass unser Herr Üblich ausgesprochen froh darüber ist, dass seine Frau das zerstörerische Spiel nicht mehr mitgespielt hat, und dass er seine Therapie mit großer Eigenmotivation antritt. Er arbeitet während der Therapie hart an sich und setzt sich mit seiner Suchterkrankung auseinander.

Was als Ergebnis für Herrn Üblich selbst herauskommen kann und mit welchen Schwierigkeiten er rechnen muss, werden wir später noch im III. Kapitel näher betrachten. Sehen wir uns hier vor allem das Ergebnis für die ganze Familie an.

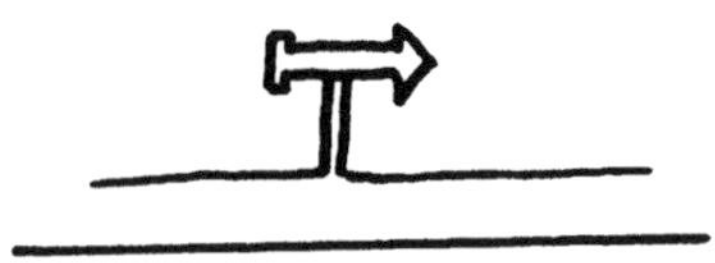

Erste mögliche Folge der Therapie:

Die Familie Üblich wird wieder eine glückliche und intakte Familie.

Zweite möglich Folge der Therapie:

Die Familie verkraftet diesen zweiten, jetzt aber ganz abrupten Rollen-, Struktur- und Beziehungswechsel nicht. Dies kann sich so äußern, dass die „Trümmerfrau" Üblich nicht mehr bereit ist, ihrem Mann seinen Platz in der Familie wieder zuzugestehen. Vielleicht hat sie Freude an ihrer Selbstständigkeit und ihrer großen Entscheidungsbefugnis bekommen und möchte davon nichts mehr abgeben. Vielleicht hat sie auch so viel Bitterkeit angesammelt, so viel für sie Unverzeihliches erlebt, dass sie zu einem wirklich partnerschaftlichen Neustart nicht mehr bereit ist. Vielleicht schaffen es auch die Kinder nicht, ihre als Notlösungen übernommenen und jetzt erstarrten Rollen aufzugeben und tragen somit dazu bei, die Familie in kranken Beziehungsmustern festzuhalten. Die sich gerade von jahrelangen Spannungen erholenden Eltern könnten dadurch auch in ihrer partnerschaftlichen Annäherung gestört werden.

Hieraus ergeben sich zwei mögliche Weiterentwicklungen:

- ☐ Entweder ist Herrn Üblich seine Abstinenz inzwischen so kostbar geworden, dass er dafür auch die Trennung von der Familie in Kauf nimmt, wenn er nüchtern dort keinen Platz mehr finden kann.

- ☐ Oder der Erhalt der Familie ist ihm doch wichtiger als seine Abstinenz und er ist bereit, dafür den reduzierten Platz des nassen Partners und Vaters wieder einzunehmen. Das würde bedeuten, dass er hierfür wieder rückfällig werden müßte.

Für unsere Familie Üblich nehmen wir aber den glücklicherweise auch häufigeren Fall an, dass nicht nur Herr Üblich, sondern auch Frau und Kinder bereit sind, vertraut gewordene Rollen, Verhaltensweisen und Beziehungsmuster aufzugeben und jeder für sich letztendlich doch bessere Entwicklungschancen sieht, wenn er sich selbst auch verändert. In diesem Fall steigt Herrn Üblichs Chance, abstinent zu bleiben. Auch die Chancen der Kinder, erlernte süchtige Beziehungsmuster nicht in das eigene Leben zu transportieren, also weder eigene Abhängigkeit noch Co-Abhängigkeit in der Partnerschaft zu leben, steigen. Verlassen wir also eine wieder glückliche Familie Üblich.

Langfristige Folgen für co-abhängige Angehörige

Vielleicht haben Sie in dieser stark typisierten Familiengeschichte die eine oder andere Veränderung wieder erkennen können, die Sie selbst und Ihre Familienmitglieder betrifft. Für gesunde und positive Lösungen braucht es stets auch die Bereitschaft der Angehörigen, sich selbst zu verändern und gesunde Entwicklungen wieder aufzunehmen. Wie notwendig dies auch für Ihre eigene Gesundheit und Ihre persönliche Lebensqualität ist, zeigt sich am besten, wenn nochmals die langfristigen Folgen der Suchterkrankung für Sie als Angehörige genau betrachtet werden.

Wir haben bereits geschildert, dass zum Beispiel die Partnerinnen notgedrungen ungeahnte Stärken und Kompetenzen entwickeln müssen, mehr Macht, Entscheidungsbefugnis und Verantwortung übernehmen und dass sie daraus durchaus auch eine Steigerung ihres Selbstwertgefühles erfahren können. **Doch die Kehrseite dieser Medaille zeigt, dass der Zuwachs an Macht und Größe eben nur durch die Sorge für andere zu bekommen ist. Hinter der kraftvoll funktionierenden Fassade droht aber die eigene Persönlichkeit mit ihren Wünschen, Bedürfnissen, Gefühlen und Schwächen zu verschwinden.** Viele Partnerinnen berichten, dass sie eigentlich nicht mehr so recht wüssten, wer sie selbst sind, was sie nur für sich alleine brauchen und wollen. Sie sind nur noch auf den Mann, die Kinder und vielleicht noch die Arbeit konzentriert und wissen sich fast nicht mehr zu finden, wenn sie den Blick auf sich selbst zu richten versuchen.

Dieser **Verlust der eigenen Person** wird noch dadurch verstärkt, dass das ständige Gefühl, bei der Bekämpfung der Sucht und dem Erhalt von Partnerschaft und Familie zu versagen, das **Selbstwertgefühl** zusätzlich **zermürbt**. Einige Frauen schilderten dies so, dass sie sich immer nichtiger, wertloser, kleiner gefühlt hätten. Solche **Gefühle von Wertlosigkeit** lassen die Frauen insgeheim daran zweifeln, ob sie denn alleine bestehen könnten und **machen sie von ihren trinkenden Partnern so abhängig, dass sie sich einen Ausstieg aus der Suchtgeschichte gar nicht trauen würden**. Die trinkenden Partner verstärken dieses Minderwertigkeitsgefühl oft noch, wenn sie ihren Selbsthass, ihre eigenen Versagensgefühle und ihre tiefgreifende Unzufriedenheit mit sich selbst an den Partnerinnen und den Kindern auslassen, indem sie beispielsweise unentwegt etwas zu kritisieren oder abzuwerten haben. Trotz des Machtzuwachses innerhalb der Familie und der erweiterten Kompetenz **fühlen sich die Frauen von Alkoholabhängigen oft minderwertig, erfolglos und unattraktiv**. Obwohl auch die

Männer zunehmend von ihnen abhängen, fühlen sich die Frauen in demütigender Weise abhängig von ihren Partnern. Während ihr Einfluss steigt und sie immer energischer zupacken, fühlen sie sich gleichzeitig immer **handlungsunfähiger** und absolut **ohnmächtig**.

Zu diesen quälenden, die Selbstachtung unterhöhlenden Gefühlen kommen auch noch **Enttäuschung, Verbitterung** und vor allem **Wut**. Auch heute noch ist Wut ein für Frauen schwer handhabbares Gefühl und passt nicht in das Bild weiblicher Fürsorge und Opferbereitschaft. Nach wie vor neigen Frauen eher dazu, ihre Wut zu unterdrücken, sie auf Umwegen oder nur gegen sich selbst herauszulassen. Indirekt kann eine Frau ihre Aggression dadurch leben, dass sie zumindest ihren innerfamiliären Machtzuwachs genießt, sich in der **Rolle des Opfers** sonnt oder ihren Mann vor Kindern und Außenstehenden gern als den Übeltäter bezeichnet, der an ihren unglücklichen Lebensumständen schuld ist. Die gegen sich selbst gerichtete Wut äußert sich vielleicht als zunehmende **Depressivität**, als **Rückzug** und Einschränkung der eigenen Entwicklung oder in verschiedenen **körperlichen Erkrankungen**.

Depressionen, Schmerzzustände oder auch Krebserkrankungen bei co-abhängigen Partnerinnen können möglicherweise in diesem Zusammenhang verstanden werden.

Bei meinen Patienten und ihren Partnerinnen ist mir aufgefallen, dass es auch **bei den Frauen einen gehäuften Gebrauch von Schmerz- und Beruhigungsmitteln sowie Antidepressiva** geben könnte. Unbewusst steckt da vielleicht auch ein Stück Wut auf den Partner drin. Alkohol ist schmutzig und wird selbstverschuldet konsumiert, Tabletten hingegen zeigen, dass es jemandem unverschuldet schlecht geht, dass er krank ist und vom Arzt „heilende“ Mittel bekommen muss. Darin steckt vielleicht auch der Vorwurf an den Partner: „Siehst Du, wie krank Du mich gemacht hast. Deinetwegen muss mir der Arzt Tabletten verschreiben.“

Diese Überlegungen sollen aber bitte nicht dahingehend verstanden werden, dass co-abhängige Partnerinnen nun auf einmal „schuld“ wären an ihren Depressionen, Schmerzen, ihren Schlafstörungen oder gar Krebserkrankungen. Niemand entscheidet sich willentlich für solche Entwicklungen, sondern man gerät unbewusst und ohne Absicht im Bemühen um irgendwelche Lösungen in diese Lage.

Partner, Partnerinnen und Kinder lernen zudem eine harte Lektion. Sie haben zu schlucken und damit umzugehen, dass **ausgerechnet in den**

engsten Beziehungen das menschliche Grundbedürfnis nach Vertrauen, Sicherheit und Geborgenheit nicht mehr gewährleistet ist. Sie können nicht mehr vertrauen, da der Süchtige sich selbst nicht mehr trauen kann. Sie müssen damit leben, dass Versprechen ständig gebrochen, Vereinbarungen nicht eingehalten und sogar selbstverständliche Erwartungen nicht erfüllt werden. Sicherheit ist dort nicht mehr möglich, wo eine Bezugsperson extrem wechselhaft und unberechenbar in ihrem Verhalten geworden ist. Geborgenheit kann da nicht erlebt werden, wo Angst und ständige Anspannung vorherrschen, wo jedes Mitglied sich mit dem Gefühl herumschlagen muss, dass die Familie am Rande eines Abgrundes entlangtanzt. Geborgenheit ist da auch nicht möglich, wo ständige Abwertungen, ungerechtes Nörgeln und Kritisieren, möglicherweise auch Gewalt oder gar Missbrauch drohen.

Gerade **Kinder aus Suchtfamilien** beobachten bei sich auch noch viele Jahre später in ihrem Erwachsenenleben, dass sie im Grunde **nie einfach entspannt** und **ganz bei sich** sein können. Sie kennen eine ständig im Hintergrund lauernde, scheinbar unbegründete Grundangst. Abgesehen von den Kindern, die sich in die „Träumerle"-Rolle zurückgezogen haben, scheinen die anderen zumeist sehr wachsam ihre Umgebung zu beobachten, jederzeit auf Anzeichen von Gefahr oder Unfrieden zu achten. **Allen ist gemeinsam, dass sie ihre Fähigkeit zu vertrauen, Nähe zulassen und angemessen Grenzen setzen zu können, eingebüßt haben. Alle Beteiligten scheinen enorme Energien mobilisieren zu können, verschleißen diese aber auch und setzen sie zudem viel zu wenig für sich selbst ein.**

Scham, Schuld- und Versagensgefühle, Einsamkeit, Angst und Ohnmacht scheinen das Seelenleben von Kindern aus Suchtfamilien ebenso zu bestimmen wie Gefühle von Bedeutungs- und Wertlosigkeit. Ein Kind, das nur noch an den bedrohten Erhalt der für ihn lebenswichtigen Familie denken kann, das sich an Notlösungen klammern und seine wahren Gefühle hinter einer Maske verstecken muss, dessen Eltern angesichts ihrer eigenen Not und Erschöpfung kaum noch seinen Kummer hinter der Maske wahrnehmen und beantworten können – ein solches Kind wird selten echte Anerkennung erfahren und sich somit kaum für beachtenswert und wichtig halten können.

Die Heldin / der Held erfahren: **„Ich bin wert, wenn ich leiste."** Das Träumerle erfährt: **„Ich bin in Ordnung, wenn ich mich unsichtbar mache."** Der Clown erfährt: **„Ich bin lieb, wenn ich lache."** Der Sündenbock erfährt: **„Ich bin wer, wenn ich störe."** Damit macht keines der Kinder die wichtige Erfahrung, dass es liebenswert und in Ordnung ist, gerade so wie es ist. Diese Selbstbilder und Vorstellungen vom eigenen Wert werden die Kinder vermutlich in ihrem ganzen weiteren Leben, vor allem auch in ihrem Beziehungsleben und bei ihren Partnerwahlen begleiten und beeinträchtigen.

Der Familientherapeut Gunther Schmidt beschreibt, dass sich bei Kindern aus Suchtfamilien durch die geschilderten Verhältnisse **innere Leitsätze** herausbilden und sich entsprechend auch in ihrem Verhalten niederschlagen können.

Die wichtigsten möchte ich hier verkürzt darstellen:

Innere Leitsätze bei Kindern von Suchtkranken

- ☐ „In dieser Not sind die Bedürfnisse der anderen wichtiger als meine eigenen Bedürfnisse."
- ☐ „ Ich darf mich deshalb nicht abgrenzen und die anderen einfach ihrer Verantwortung und ihrem Schicksal überlassen."
- ☐ „In Beziehungen gibt es nur ein Entweder-Oder. Entweder übernehme ich Verantwortung, dann aber für alles. Entweder bin ich dem Anderen nahe, dann darf ich aber auch kein Nein aussprechen oder eigene Bereiche haben."
- ☐ „Konflikte austragen, womöglich Streiten, kann Beziehungen bedrohen." Eigene Wünsche nach Distanz oder Nähe können deshalb nur über Umwege verhandelt werden. Auch später in der eigenen Partnerschaft werden Freiräume oder Abstand dann vielleicht nur durch eine tatsächliche Migräne oder die Übernahme von Sonderschichten im Betrieb erreicht.
- ☐ „Ich muss erfolgreich und selbständig sein, um die Familie zu entlasten und auch wieder aufzuwerten. Aber nicht zu sehr, das wäre sonst schon wieder egoistisch."

Zusammengefasst heißen diese Leitsätze also: „viel hilft viel", „entweder – oder", „ganz oder gar nicht".

Es heißt aber auch, dass man es nie recht machen und nie gewinnen kann. Es bedeutet höchsten Einsatz auf unbegrenzte Zeit, obwohl man spürt, dass man auf der Verliererliste bereits eingetragen steht.

Wie ich geschildert habe, funktionieren viele Kinder aus Suchtfamilien **scheinbar problemlos**. Erst sehr viel später in ihrem Leben fallen sie vielleicht auf durch **eine eigene Suchtentwicklung, durch die Wahl eines abhängigen Partners beziehungsweise die automatische Akzeptanz von dessen Suchtentwicklung, durch Depressionen und somatische Beschwerden** sowie eine große Verbitterung. Einige Kinder zeigen bereits früher **Schulschwierigkeiten oder Verhaltensauffälligkeiten, Bettnässen, Asthma, Essstörungen oder Ähnliches**. Dass die Kinder nicht auffallen, ist jedoch kein Hinweis dafür, dass sie unter der Suchtentwicklung in der Familie nicht gelitten hätten. Im Widerspruch zu der Hoffnung vieler Eltern, ihre Kinder hätten von den Schwierigkeiten nichts bemerkt und wären von den gröbsten Entgleisungen verschont worden, habe ich durch Patienten erfahren, dass schon ihre zwei-, drei-, auf jeden Fall vierjährigen Kinder bereits die wesentlichsten Probleme mitbekommen haben.

Die vorangegangenen Schilderungen sollen in keiner Weise der Schuldzuweisung an den abhängig gewordenen Menschen dienen. Es soll Ihnen lediglich helfen, sich selbst als co-abhängige Angehörige mit den eigenen Schwierigkeiten ernst zu nehmen, sich nicht mehr nur mit allen Sorgen und Bemühungen um den Betroffenen zu kümmern, sondern das zu unternehmen, was Sie tatsächlich mit Aussicht auf Erfolg tun können:

Helfen Sie erst einmal sich selbst!

Besonderheiten der Suchtkrankheit bei Frauen

Ungefähr **ein Viertel aller alkoholkranken Menschen** in unserem Land sind **Frauen**. Natürlich ähneln sich die Suchtprobleme von Männern und Frauen weitestgehend. Dennoch scheint es einige bemerkenswerte Unterschiede zu geben, die auch die Angehörigen betreffen.

Über Frauensüchte wurde in den letzten Jahren viel geforscht und geschrieben. Die angehörigen Partner haben dabei aber leider bisher sehr viel weniger Beachtung erfahren als die Frauen alkoholabhängiger Männer. Jeder zweite bis dritte Partner soll selbst Alkoholprobleme haben, zudem scheint ein guter Teil der Frauen allein oder alleinerziehend zu leben. Dadurch gibt es vermutlich einfach sehr viel weniger Männer, die mit den massiven Belastungen von Abhängigkeit und Co-Abhängigkeit zu kämpfen haben und auf sich aufmerksam machen.

Bei Frauen scheinen die Faktoren, die an der **Entstehung** einer Suchterkrankung beteiligt sein können, etwas **anders gewichtet** zu sein. Zudem **reagieren** Frauen **auf das Problem anders**, erfahren **andere Reaktionen in ihrem sozialen Umfeld** und bekommen andere Probleme beim **Ausstieg** aus der Sucht.

Häufiger als Männer scheinen sie in Kindheit und Jugend **Gewalt- und Missbrauchserfahrungen** durchgemacht zu haben, was dann möglicherweise negative Auswirkungen auf das psychische Befinden, das Selbstwertgefühl und die spätere Partnerwahl haben kann. Möglicherweise setzen dann diese betroffenen Frauen Alkohol häufiger als – letztendlich untaugliches – **Mittel gegen Angst und Depression** ein als alkoholkranke Männer.

Auch scheinen Frauen Alkohol zu benutzen, um sich die typischen **Mehrfach-Belastungen in Beruf und Familie erträglicher** zu machen.

Auffällig viele betroffene Frauen scheinen – wie erwähnt – einen **Partner** zu haben, **der ebenfalls Alkoholprobleme hat** und deshalb vermutlich kaum je Druck in Richtung Veränderung und Abstinenz ausüben wird. Im Gegenteil, möglicherweise wird er sich von ihrem Ausstiegswunsch sogar in seinem Trinken bedroht fühlen.

Ein **biologischer Unterschied** besteht auch schlicht darin, dass die kritische Alkoholmenge im Durchschnitt viel kleiner ist und Frauen sehr viel rascher **schwere gesundheitliche Schäden,** wie zum Beispiel eine Leberzirrhose, davontragen können. Zudem kann eine trinkende Schwangere ihr **ungeborenes Kind** erheblich schädigen.

Trotz aller Emanzipation gilt auch heute noch das öffentliche Trinken bei Männern eher als akzeptabel, witzig, stark – eben „männlich“, während eine angetrunkene Frau sehr schnell als peinlich oder gar abstoßend, vielleicht auch als sexuell leichter ausnutzbar empfunden wird.

Trinkende Frauen haben diese **negativen Bewertungen** meist selbst übernommen und **schämen sich** für ihr Trinken offenbar **erheblich mehr** als Männer. **Schuldgefühle gegenüber den Kindern belasten die Mütter** noch stärker, gerade auch, wenn die Kinder Entwicklungsrückstände, Schulschwierigkeiten und Verhaltensstörungen aufweisen. Die Angst, das **Sorgerecht** für die Kinder **zu verlieren**, kommt besonders bei allein erziehenden Frauen noch hinzu.

Für Frauen sind soziale Beziehungen und Anerkennung allem Anschein nach wichtiger als für Männer, sie fürchten sich vor Abweisung, Ausgrenzung und Abwertung.

Die Folge davon ist, dass **trinkende Frauen sich** sehr darum **bemühen, nicht aufzufallen**. Sie trinken noch häufiger heimlich als betroffene Männer und **funktionieren nach außen hin oft noch lange Zeit recht gut**.

Erstaunlich viele Alkoholikerinnen betreiben sogar einen sehr hohen Konsum noch unauffällig, arbeiten gut ausgebildet in verantwortlichen Positionen und geben auch innerhalb der Familie ihr Bestes.

Das hat dann zur Folge, dass diese Frauen sogar von ihrem Hausarzt nicht als alkoholkrank erkannt, sondern wegen Stress und aller möglichen anderen Beschwerden behandelt werden. Viel zu oft bekommen sie dann auch noch süchtig machende **Psychopharmaka** verschrieben. Sogar **am Arbeitsplatz** scheint ihr Problem **länger übersehen** zu werden, so dass von dieser Seite seltener konstruktiver Druck zu erwarten ist.

Eine andere Gruppe suchtkranker Frauen **fällt eher sozial als wegen des Alkoholkonsums** auf. Durch Geldprobleme, Arbeitslosigkeit, Scheidung und die alleinige Fürsorge für die Kinder überfordert, wird hier vermutlich Alkohol immer wieder zur Verminderung von Stress und Anspannung eingesetzt werden.

Es scheint Hinweise zu geben, dass **Kinder belasteter** sind und größere Probleme aufweisen, **wenn die Mutter oder gar beide Elternteile suchtkrank** sind. Ist nur der Vater abhängig, scheinen die Mütter mehr auffangen zu können und den Kindern doch noch etwas mehr an Sicherheit, Struktur und Vertrauen vermitteln zu können.

Innerhalb der Familien scheinen trinkende Frauen **dann** verzweifelte Reaktionen und wütenden Widerstand auszulösen, **wenn sie ihren familiären Versorgungs-Aufgaben nicht mehr nachkommen**. Wenn Haushalt, Mann und Kinder auch nach außen sichtbar nicht mehr gut betreut sind, löst dies bei allen Beteiligten sehr viel **Beschämung** aus. Die Familie scheint darauf mit **Angst** und **Verunsicherung** zu reagieren, auch mit **Zorn** und unpassenden **Erziehungs-Versuchen**. Die Toleranzgrenze der Angehörigen ist bei Frauen, die nicht mehr gut funktionieren, offenbar sehr schnell erreicht. Auch scheinen sich in dieser Situation die **Männer häufiger** von ihren trinkenden Partnerinnen **zu trennen**, die Kinder allerdings trotzdem meist in der Obhut der Mütter zu lassen.

Ich kann nur vermuten, dass sich angehörige Männer von der Situation vielleicht noch **überforderter** fühlen als angehörige Frauen, die zumindest innerhalb der Familie ausgleichend übernehmen können und sich dadurch weniger handlungsunfähig erleben. Möglicherweise sind auch **Scham und Versagensgefühle** für sie schwerer auszuhalten, werden die Männer doch immer noch stärker an ihrer Leistung und an ihrem Erfolg gemessen. Männer mit eigener Alkoholproblematik sehen sich auch oft als die Verursacher der Suchtkrankheit ihrer Frauen und kommen mit ihren **Schuldgefühlen** nur schlecht zurecht. Vielleicht ist dies mit ein Grund, weshalb Männer schneller „flüchten".

Auch haben sie vermutlich seltener enge **Bezugspersonen**, mit denen sie über ihre Nöte sprechen können.

Frauen gehen mitunter **etwas andere Wege aus der Sucht** als Männer. Sie hören anscheinend häufiger von selbst auf, werden aber auch leichter rückfällig. Suchtberatungsstellen und Fachkliniken – über die ich später informieren werde – werden von ihnen weniger genutzt, Selbsthilfegruppen dagegen mehr.

Das erscheint logisch, da die seltener auffälligen Alkoholikerinnen eben auch seltener von Arbeitgeber oder Arzt an die Fachstellen verwiesen werden, andererseits die gegenseitige Unterstützung in einer Gruppe dem Bedürfnis der Frauen nach Kontakt und Zugehörigkeit entgegenkommen mag.

Die **angehörigen Männer** scheinen sich durchaus **an die Suchtberatungsstellen zu wenden und Hilfe zu holen**. In dieser Hinsicht unterscheiden sie sich gar nicht so sehr von den angehörigen Frauen.

Auch sehen die professionellen Helfer dabei offenbar immer wieder **Männer**, die **sich in ähnlicher Weise wie angehörige Partnerinnen verstricken** und bis zur völligen Erschöpfung ausgleichen und übernehmen.

Interessanterweise soll es sich dabei oft um Männer handeln, die bereits eine **suchtkranke Mutter erlebt** haben und auch später eher **Beziehungen zu abhängigen Frauen** eingegangen sind.

Andererseits beklagen Berater und Beraterinnen aber, dass nach ihrem Eindruck viele **Männer weniger Durchhaltevermögen und persönliche Veränderungsbereitschaft mitbringen** würden als Frauen.

So würden erfahrungsgemäß die Partner zwar durchaus Hilfe einschalten, sich dann aber nicht weiter zuständig fühlen. Im Gegensatz zu weiblichen Angehörigen sähen sie das Suchtproblem als ausschließliche Angelegenheit der Partnerin an. Deshalb seien sie **seltener bereit, ihr Freizeitverhalten**, die **gemeinsame Lebensgestaltung oder gar ihren eigenen Alkoholkonsum zu verändern oder ihre Frauen in Selbsthilfegruppen zu begleiten**. Oft würden sie ihre Aufgabe als beendet ansehen, wenn die Partnerin trocken und wieder imstande sei, ihre familiären Pflichten zu übernehmen.

Ein solches Denken und Verhalten ist normalerweise ja auch nicht unsinnig, sondern auf rasche Problemlösung und Effektivität ausgerichtet. Zudem scheinen die Männer abgegrenzter zu handeln und sich nicht Verantwortung für einen anderen Menschen anzumaßen.

Da Suchtkrankheit aber alle Familienmitglieder mit betrifft und dauerhafte Abstinenz meist Veränderungen in der Lebensgestaltung von allen erfordert, **bleiben auch alle dauerhaft gefordert**.

Der Weg hinaus

Wegweiser zur Selbsthilfe

Vielleicht warten Sie mit wachsender Ungeduld darauf, wann denn nun endlich ein paar praktische Ratschläge kommen, wie Sie Ihren trinkenden Angehörigen „trockenlegen" können. Ich würde sie Ihnen zwar gerne geben, aber das Ganze ist komplizierter und funktioniert anders.

Diese Erfahrung haben Sie eigentlich ja schon selbst gemacht, denn jahrelange Bemühungen und enormer persönlicher Einsatz haben vermutlich alles Mögliche, bloß nicht die Abstinenz Ihres Angehörigen bewirkt.

Es kommt sogar noch schlimmer!

Auch wenn Sie Ihren suchtkranken Angehörigen natürlich nicht zum Trinken gebracht haben, so werden Sie vielleicht bei näherem Hinsehen erkennen müssen, dass gerade Ihre ganzen aufreibenden Bemühungen zum Erhalt der Sucht beigetragen haben!

Das ist kein schöner Gedanke, aber im Grunde völlig logisch:

Alles, was wir tun, bringt für uns Vor- und Nachteile mit sich. Überwiegen die Vorteile, tun wir es weiter. Überwiegen die Nachteile, lassen wir es vermutlich irgendwann.

Was geschieht aber nun mit einem Menschen, der allmählich immer auffälliger trinkt und der ein besorgtes und bemühtes Umfeld hat?

Zum einen hat er die **Vorteile des Suchtmittels**, die für ihn auf ganz verschiedenen Ebenen liegen können (siehe „Funktionen", I. Kapitel). Da Trinken gut tut und zunächst stabilisierend wirkt, wird einiges an Nachteilen aufzubieten sein, damit schon allein dieser Vorteil nicht mehr genügend wiegt.

Normalerweise würde auf das Verhalten des Trinkenden sehr bald irgendwo die erste negative Konsequenz erfolgen. Zum Beispiel, weil jemand nicht mitverantwortlich werden möchte, dass sein Gast angetrunken am Steuer seines Fahrzeugs Platz nimmt, und dies meldet. Es könnte sich auch darum handeln, dass Arbeitskollegen und Vorgesetzte nicht bereit sind, die verminderte Leistung oder das veränderte Verhalten ihres Kollegen zu dulden, und sehr schnell und entschieden klar machen, dass man alkoholisiert oder auch nur mit Restalkohol nicht an diesem Arbeitsplatz erscheinen dürfe. Es könnte sich auch darum handeln, dass die Ehefrau nach einem Fest ablehnt, den Chauffeur zu spielen, und der Herr Gemahl nun bitte das Taxi bezahlen muss, wenn er sicher heimkommen will. Kleine Beispiele aus dem Alltag könnten hier endlos genannt werden.

Wie sieht nun aber die **Realität** eines Menschen aus, der es schafft, sein Trinkverhalten so weit zu verändern, bis er abhängig geworden ist? Er wird vermutlich bereits am Anfang der Suchtentwicklung, dort wo sie vielleicht noch zu stoppen gewesen wäre, erstaunlich **viel Akzeptanz** erfahren haben. Umgekehrt wird er sich natürlich auch **Umgebungen suchen**, in denen er mit einer Hinnahme seines Trinkens rechnen kann. Diese Vermutung wird aus den persönlichen Lebensberichten der Patienten zumeist bestätigt. So ist es zum Beispiel nicht unwahrscheinlich, dass ein zukünftig Betroffener in einem Team arbeitet, in dem ein Bier zur Brotzeit, das Feierabendbier vor dem Heimgehen, in jedem Fall aber das kräftigere Zulangen bei einem Betriebsfest geduldet und sogar erwünscht sind. Es entsteht eine Atmosphäre augenzwinkernder Komplizenschaft, bei der jeder abwechselnd einmal den Freibrief hat, alkoholbedingt ein wenig neben der Spur zu sein. Eine Hand wäscht die andere und der gegenseitige Nutzen bleibt auch dann bestehen, wenn ein Kollege allmählich immer weniger funktionsfähig ist und andere dadurch mehr übernehmen müssen. Das gegenseitige Vertuschen wird fortgesetzt. Manchmal nimmt die so genannte Kollegialität groteske Formen an, wenn beispielsweise der angetrunkene Vorgesetzte in seinem Büro von loyalen Mitarbeitern abgeschottet wird oder wenn umgekehrt der seinen Rausch ausschlafende Kollege im Umkleideraum versteckt gehalten wird, damit Kunden oder Vorgesetzte nicht aufmerksam werden. Aber auch die weniger drastischen Unterstützungen des Trinkens fördern die Suchtentwicklung, zum Beispiel die selbstverständliche Übernahme von Diensten oder Aufgaben und das „kameradschaftliche" Vertuschen von Fehlern. Und nicht zuletzt das gemeinsame Schweigen über das eigentliche Thema! Alle wissen, weshalb der Kollege manchmal ausfällt oder auch nur ausfällig wird, aber jeder schweigt und keiner möchte ihn bloßstellen, denn das wäre ja doch zu peinlich. Und schon haben wir im Berufsumfeld ein gemütliches kleines Bündnis für die Sucht und gegen die Abstinenz.

Auch im privaten Bereich bekommt der Abhängige gut gemeinte „Hilfe". Die Ehefrau ärgert sich vielleicht über den verkatert am Frühstückstisch sitzenden Mann, meldet ihn aber selbstverständlich im Betrieb krank und schwindelt am Telefon für ihn über seinen angeblich verdorbenen Magen. Seine Schlamperei nervt sie vielleicht ohne Ende, trotzdem erledigt sie für ihn Briefe oder Rechnungen, die er längst schon hätte erledigen müssen. Sie will ihm ja Ärger ersparen und keinen Gerichtsvollzieher vor der Türe stehen haben. Bei Schwiegermutters Geburtstag entschuldigt sie ihren Mann mit der Ausrede, er habe noch dringend in die Firma müssen, weil dort akut jemand ausgefallen sei. Beim Sommerfest in Nachbars Garten, bei der Vereinsfeier und beim örtlichen Weinfest macht sie gute Miene zum bösen Spiel. Während ihr Mann allmählich seine Haltung verliert und Tischnachbarn immer distanzloser vollredet, lächelt sie und gibt sich amüsiert über seine Witzchen, dabei auf eine passende Gelegenheit wartend, ihn diskret nach Hause abzuschleppen. Sie fühlt sich für sein öffentliches Auftreten verantwortlich und versucht, dieses in noch halbwegs schicklichen Grenzen zu halten. Steht bei einer anderen Gelegenheit irgendwann die Polizei vor der Türe und möchte eine Alkoholprobe entnehmen, da gemeldet worden ist, dass der Gatte alkoholisiert Auto gefahren sei, so wird sie sich auch hier gegen ihre eigene Überzeugung für den Mann ins Zeug legen. Obwohl er eigentlich tatsächlich in unverantwortlichem Zustand gefahren ist und ihr partout den Autoschlüssel nicht hatte überlassen wollen, wird sie jetzt den Beamten gegenüber mit fester Stimme und treuherzigem Augenaufschlag betonen, dass ihr Mann erst nach der Rückkehr noch einige Biere getrunken habe, vor der Heimfahrt habe er sich sehr in Grenzen gehalten.

Liebe Angehörige, erkennen Sie sich in den Frauen wieder, die ihrem Mann schließlich das Bier nach Hause tragen, damit er wenigstens unter Aufsicht trinkt und nicht noch die gefährliche Autofahrt von seiner Stammkneipe nach Hause bewältigen muss? Ertragen Sie nachts die Bierfahne, die Sie die ganze Zeit vom Nachbarbett aus umweht, um ihn nicht zu kränken, denn gekränkt würde er womöglich noch mehr trinken müssen? Spielen Sie auch gegenüber Ihren vormals besten Freundinnen ein glückliches Familienleben vor, um ihn und irgendwo auch sich selbst nicht zu blamieren, und verzichten dabei im Lauf der Zeit mehr und mehr auf den wohltuenden Austausch mit vertrauten Menschen? Erledigen Sie stillschweigend seine Post und seine Rechnungen, erinnern ihn an die Geburtstage seiner Geschwister und achten auch Sie darauf, dass er zumindest äußerlich immer tipptopp gepflegt vor die Haustüre tritt?

Wenn Sie sich in diesen Verhaltensweisen wieder erkennen, dann sind Sie bereits in co-abhängiges Verhalten hineingeraten. Das ist übrigens keine Schande, denn das passiert den meisten Menschen, die zusammen mit ihrem betroffenen Familienmitglied den schleichenden Prozess der Abhängigkeitsentwicklung durchmachen.

Trotzdem ist wichtig, dass Sie **die beiden Konsequenzen Ihres eigenen Verhaltens** erkennen lernen:

1. Mit diesem co-abhängigen Verhalten wissen Sie irgendwann nicht mehr sicher, was eigentlich **seine** Sache ist und was **Ihre** Sache ist. Daraus folgt sehr rasch, dass Sie sich in der Hauptsache **seinen Kopf zerbrechen**, die Sorgen und Ängste übernehmen, die eigentlich er verspüren müsste, und dass Sie zunehmend **mit seinen Aufgaben und Angelegenheiten befasst sind und zu Ihren Bedürfnissen immer weniger kommen.** So werden Sie sehr viel Energie verbrauchen und vermutlich selbst irgendwann erschöpft und nicht mehr Sie selber sein.
2. Dieses Verhalten hat außerdem noch eine für Sie bittere Konsequenz: Durch Ihre aus Not und bester Absicht gewährte Hilfe **unterstützen Sie letztendlich den Süchtigen darin, dass er sein Trinken noch lange beibehalten kann**, ohne die unangenehmen Folgen seines Verhaltens zu spüren. Das heißt, während Sie ihrem abhängigen Angehörigen helfen wollen, **helfen Sie stattdessen der Sucht**!

Das Schwierige für Angehörige ist, dass **bei Sucht echte Hilfe ganz anders aussieht** als die Hilfe, die wir normalerweise unseren Mitmenschen geben wollen. Wenn zum Beispiel jemand dringend Geld braucht und wir haben gerade etwas übrig, dann ist es unter Freunden und Familienangehörigen ja normal, dass man sich aushilft. Ist jemand gar krank und liegt mit dem Brecheimer darnieder, so ist es wohl selbstverständlich, dass man ihm den Eimer wechselt, das Gesicht abwäscht und ein leicht verträgliches Süppchen kocht. Sie können die Liste fortsetzen, ich würde Ihnen jedes Mal zustimmen, wenn Sie das als selbstverständliche Hilfeleistungen unter nahen Menschen ansehen würden. Und trotzdem: solange Ihr noch so geliebter oder geschätzter Angehöriger an der Flasche hängt, können Sie ihn auf diese Weise nicht unterstützen, ohne dass Sie gleichzeitig die Flasche stärken. Er kann länger dabeibleiben, denn die Nachteile des Trinkens werden für ihn weiterhin sehr gering bleiben, wenn Sie diese Art von Unterstützung fortsetzen.

Wenn Sie also einen Rat wollen, wie Sie Ihrem trinkenden Angehörigen in dieser Situation helfen können, dann gibt es nur eines: **Helfen Sie ihm nicht!**

Helfen Sie ihm zumindest nicht in der üblichen Form der Hilfe und geben Sie ihm nicht einfach das Nächstliegende und Selbstverständlichste. Überlegen Sie lieber dreimal, ob Ihre Hilfe tatsächlich **ihm hilft** oder ob sie nicht in erster Linie **der Flasche hilft**. Sie werden nun vielleicht Einwände haben und sagen: „Wenn ich ihn nicht beim Chef entschuldige oder nicht für ihn schwindle, damit er den Führerschein behalten kann, dann wird ja auch die Familie geschädigt. Wenn er beispielsweise seinen Arbeitsplatz verliert, hängen wir alle mit drin." Das ist sicher richtig, aber überlegen Sie einmal: Wenn er weitertrinkt, kommt die Familie früher oder später auch in diese Situation. Dann ist aber möglicherweise schon viel mehr kaputt gegangen, sowohl innerhalb der Familie, im Gefühlsleben der Kinder als auch im Hinblick auf Gesundheit und berufliche Perspektive des Mannes. Die Konsequenzen, die Sie heute befürchten, holen Sie ja sowieso irgendwann ein. Sie verschieben nur den Zeitpunkt nach hinten, an dem diese ganze Eiterbeule zum Platzen kommt. Warten Sie zu lange damit, dann ist vielleicht schon viel zu viel gesundes Gewebe mit kaputt gegangen.

Wenn Sie Ihrem trinkenden Angehörigen wirklich helfen wollen, dann **muss diese Hilfe immer in Richtung Abstinenz gehen**. Genau hier gibt es aber noch einen Haken. Die Schwierigkeit besteht zu allererst darin, **einzusehen, dass Sie** bei aller Liebe, bei allen Anstrengungen und intensiven Überlegungen **ihn nicht trockenlegen, ihn nicht retten und nicht abstinent machen können**. Es ist bei Ihrem großen Einsatz sicher sehr schwer zu akzeptieren, **dass nur er selbst trocken werden kann**.

Ihre Hilfe kann nur darin bestehen, dass für ihn das Beibehalten des Trinkens immer weniger lohnend wird und dass Sie sein Trinken nicht unterstützen.

Das klingt schwierig und die Umsetzung ist anfangs tatsächlich nicht einfach, wenn man sich über Jahre ein co-abhängiges Verhalten angewöhnt hat, mit dem man den anderen stützt, auffängt und umsorgt.

Wie können Sie nun mit einer anderen Art von Hilfe anfangen?

Wie schon gesagt: Helfen Sie am besten erst einmal sich selbst!

Als Erstes sollten Sie sich einmal Zeit nehmen und sich in aller Ruhe fragen, wie es **Ihnen selbst** eigentlich **geht**, was **Ihnen** fehlt und was **Sie** brauchen, nur **Sie selbst**. Sie werden merken, dass es nach so vielen Jahren der Sorge um andere erst einmal sehr schwer ist, sich selbst zu spüren und herauszufinden, was man eigentlich selber möchte. Versuchen Sie es trotzdem.

Fangen Sie doch einmal mit Ihrem körperlichen Befinden an!

Haben Sie irgendwelche Beschwerden, zum Beispiel stressbedingte Kopfschmerzen, oder macht Ihnen Ihr Kreuz immer wieder zu schaffen (das ja auch tatsächlich zu viel zu schleppen hat)? Haben Sie sich Kummerspeck angefuttert und sind schon seit längerem mit Ihrer Figur, Ihrem Bewegungsmangel und der daraus resultierenden Abgeschlafftheit unzufrieden ? Oder handelt es sich einfach darum, dass Sie sich schon länger nicht mehr richtig Gedanken gemacht haben, welcher modische Haarschnitt Ihnen besser stünde als der seit zehn Jahren immer gleiche und sehr praktische Bubikopf? Wenn Sie sich diese Fragen beantwortet haben, dann haben Sie vielleicht schon ein erstes kleines Selbsthilfeprogramm beieinander. Es kann heißen, dass Sie sich ein paar Frisurenhefte beim Zeitungskiosk kaufen und sich in Ruhe überlegen, wie Sie Ihr Äußeres nach Ihrem Geschmack einmal ummodeln könnten. Es geht dabei natürlich um Himmels willen nicht darum, dass Sie Ihrem Mann besser gefallen sollten, damit er vielleicht wieder mehr zur Familie finden würde. Nein, es geht ausschließlich um **Ihr Wohlbefinden** und darum, wie Sie **mit gesteigertem Selbstbewusstsein** und **Freude an sich** selbst herumspazieren können.

Haben Sie ernstere Beschwerden, dann ist ein Arztbesuch angezeigt, um mögliche organische Ursachen abzuklären. Ansonsten wäre es vielleicht ratsam, sich eine Serie von Massagen und Fangoanwendungen verschreiben zu lassen, die ja nicht nur Verspannungen lösen, sondern einfach auch seelisch gut tun. Sie können sich natürlich auch auf andere Art körperlich verwöhnen, zum Beispiel durch die Einführung eines Sauna- oder Schwimmabends. Vielleicht melden Sie sich in einem Fitnesscenter, zu einigen Gymnastikabenden in der Volkshochschule oder bei einem örtlichen Lauftreff an. Ganz egal, ob Sie sich eher passiv verwöhnen lassen wollen oder ob Ihnen aktive Betätigung besser gefällt: Hauptsache, Sie setzen sich für Ihr eigenes Wohlbefinden und Ihre eigene Gesundheit ein. Schon damit fangen Sie an, diesen unentwirrbaren Mischmasch aus seinen und Ihren Sorgen, seinen und Ihren Problemen zu entwirren. Wenn Sie **wieder gesunde Grenzen spüren zwischen Ihren Bedürfnissen und den Bedürfnissen der anderen**, tun Sie letztendlich nicht nur etwas für sich, sondern im Grunde auch etwas **für die Gesundung der ganzen Familie**. Wenn die Kinder erleben, dass die Mutter endlich anfängt, auch einmal an sich zu denken, sich Zeit und Muße für die eigenen Bedürfnisse zu nehmen, dann ist das für sie eventuell auch wie eine Erlaubnis, nicht stehen zu bleiben in der Sorge um die Familie, sondern eigene Entwicklungen wieder in Angriff zu nehmen.

Aber fahren wir fort:

Wie sieht es mit Ihrem seelischen Gleichgewicht aus?

Haben Sie Schlafstörungen, sind Sie mitunter erschöpft, abgespannt, überreizt und nervös ? Fühlen Sie sich oft einsam, überfordert und hoffnungslos? Nun, auch daraus könnte sich ja ein kleines Gesundungsprogramm für Sie ergeben! Dies kann so aussehen, dass Sie auf einem Schlafplatz für sich alleine bestehen. Es kann auch heißen, dass Sie an einem Entspannungstraining teilnehmen, das von der Volkshochschule, Ihrer Krankenkasse oder in einer Praxis angeboten wird. Ob es sich dabei um Autogenes Training, Progressive Muskelentspannung, Yoga oder Meditation handelt, ist eigentlich ganz egal. Die Hauptsache ist, Sie machen etwas für Ihre Entspannung und für Ihr seelisches Wohlbefinden. Nach einiger Überlegung kann es für Sie auch heißen, dass Ihnen Gespräche bei einer Beratungsstelle oder bei einem niedergelassenen Therapeuten helfen könnten, aus Ihrem seelischen Tief und aus Ihrer Verwirrung herauszukommen. Auch das wäre eine unbedingt empfehlenswerte Unterstützung für Sie. Gerade auch bei den Psychosozialen Beratungsstellen, beim Blauen Kreuz oder den Suchtberatungsstellen von Caritas und Diakonie ist es üblich, dass Hilfe nicht nur den Betroffenen angeboten wird, sondern dass selbstverständlich auch die Angehörigen für sich Hilfe suchen können. Im Übrigen stehen diese Beratungsstellen unter Schweigepflicht, Sie brauchen also keine Angst haben, dass Ihrem Familienangehörigen irgendein Schaden dadurch erwachsen könnte. Näheres erfahren Sie am Ende dieses Kapitels.

Wie ist es um Ihre persönlichen Kontakte bestellt?

Haben Sie in den letzten Jahren wichtige Beziehungen vernachlässigt, sei es zu Angehörigen Ihrer Herkunftsfamilie, sei es zu Freunden und Freundinnen ? Haben Sie aus Scham oder vermeintlicher Loyalität zum Suchtkranken aufgehört, sich den für uns alle doch so lebenswichtigen Austausch mit vertrauten Personen zu gönnen ? Haben Sie schon lange niemandem mehr Ihr Herz ausgeschüttet ? Ist es schon sehr lange her, dass Sie einmal einen richtig tollen Abend mit Ihrer besten Freundin verbracht haben?

Auch hier möchte ich Sie nur ermutigen: **Packen Sie es an!** Fassen Sie sich ein Herz und rufen Sie Ihre Lieblingsschwester, Ihre früher beste Freundin oder wen auch immer an, mit dem Sie gerne einmal Zeit verbringen und reden würden. Hören Sie auf, auf Mitgefühl, Verständnis, Rat und Austausch von lieben Menschen zu verzichten, nur um das Familiengeheimnis Sucht weiter wahren zu können. Das Schweigen nützt Ihrem Angehörigen überhaupt nichts, es lässt lediglich der Flasche ihre hässliche Macht.

Wie sieht es mit Ihren Interessen aus?

Haben Sie Hobbies, denen Sie schon länger nicht mehr nachgegangen sind, die Sie aus Lustlosigkeit, Erschöpfung oder Zeitmangel gelassen haben ? Dann suchen Sie sich doch etwas davon aus und fangen Sie umgehend damit an. Wenn es Ihnen sehr schwer fällt und ein schlechtes Gewissen verursacht, dann fangen Sie halt mit einer kleineren, wenig aufwändigen Beschäftigung an, die Ihrer Familie wenig von Ihrer Energie oder Zeit wegnimmt. Etwas ist besser als nichts. Auch eine kleine Freude, die Sie sich selbst bereiten, ist zumindest ein Bausteinchen für Ihre Wiederherstellung. Sind Sie nicht so behindert durch Ihr „Gewissen“, dann packen Sie doch die Sache an, die Ihnen am meisten Spass machen würde! Ob Sie schon lange mit dem Reiten anfangen wollten, ob Sie dem örtlichen Gesangsverein beitreten möchten, ob Sie selbst Handarbeitskurse an der Volkshochschule geben oder sich ein Theaterabonnement kaufen möchten – es ist völlig gleich, womit Sie anfangen. Hauptsache, Sie gewinnen Ihre Lebensfreude zurück!

Sie leben in einem Familiennetz, in dem der eine drogenbedingt nicht mehr bei sich ist und nur noch in schädlicher Weise für sich sorgt und in dem alle anderen vor Sorge um diesen ersten ebenfalls nicht bei sich sind und nicht mehr in konstruktiver Weise für sich sorgen. **Deshalb kann es für diesen ganzen Familienverband nur dann Heilung geben, wenn irgendeiner mit der Sorge für sich selbst und mit dem Wieder-zu-sich-kommen anfängt.**

Falls Sie die Frau und eventuell Mutter in diesem System sind, fangen gerade Sie am besten damit an. Denn der Betroffene selbst ändert meist nichts daran und die Kinder benötigen Ermutigung.

Sollten Sie ein älteres Kind in einer Suchtfamilie sein, so gilt das Gleiche für Sie. Hören Sie auf, sich um die Eltern zu sorgen und teilweise für diese einzuspringen. Hören Sie auf, das Familiengeheimnis zu wahren und die Familie nach außen zu schützen. All das ist mit den altersgerechten Entwicklungen, die Sie zu absolvieren haben, um ein erwachsener Mensch zu werden, nicht vereinbar. Sie brauchen Kontakte, Austausch, müssen Erfahrungen sammeln können und sich um Ihre eigenen Belange kümmern. Das bedeutet nicht Rücksichtslosigkeit oder Abwendung von der Familie, sondern lediglich die Übernahme der einzigen Verantwortung, die Sie tatsächlich übernehmen können: **Der Verantwortung für sich selbst** und für die **persönliche Entwicklung.**

Das waren nun die Dinge, die Sie als Angehörige oder Angehöriger **tun** können. Nun kommt der Teil an Ermutigung und Aufforderung für Sie, der vielleicht am schwierigsten ist:

Es handelt sich dabei um all die Dinge, die Sie lassen sollten!

Auch wenn es schwer fällt: **Unterlassen Sie** in Zukunft **alle Versuche**, den Konsum Ihres trinkenden Partners oder Familienmitgliedes in irgend einer Weise **zu kontrollieren**. Es bringt überhaupt nichts, ihm den Alkohol lieber nach Hause anzuschleppen, damit er nicht von seiner Stammkneipe in lebensgefährlichem Zustand heimfährt, damit die Nachbarn ihn in dieser Verfassung nicht sehen oder nicht merken, dass er ständig außer Haus ist. Er ist selbst für sein Tun verantwortlich und möglicherweise ist es ja gerade der Verlust des Führerscheines, der ihn zum ersten Mal zum Nachdenken über sein Trinken bringen könnte. Versuchen Sie auch nicht, seine Verstecke auszuräumen. Das ist sinnlos und pure Kraftverschwendung. Je mehr Verstecke Sie kennen und ausräumen, umso mehr wird er seine ganze Intelligenz und Spitzfindigkeit einsetzen, um einfach noch bessere Verstecke zu finden. Auch das ist Kraftverschwendung, diesmal eben auf seiner Seite. Statt über die eigene Verfassung nachzudenken, statt über das Trinken offen zu sprechen, wird so nur ein Machtkampf begonnen, in dem es um **Kontrolle versus Selbstbehauptung** geht. Dabei wird das eigentliche Thema nur vernachlässigt.

Sparen Sie sich in Zukunft auch **alle guten Ausreden** gegenüber den Schwiegereltern, den Nachbarn oder den Vorgesetzten, wenn Ihr Angehöriger wegen seines Trinkens auffällt oder zu einem Familientreffen und zur Arbeit nicht erscheinen kann. Dafür sind Sie nicht verantwortlich! Sie müssen auch nicht seine Scham und seine Schuldgefühle übernehmen, Sie haben schließlich nichts Unrechtes getan. Sie sollten auch seine Abwehrmechanismen nicht übernehmen, also insbesondere in diesem Falle das Verleugnen und Bagatellisieren. Im Gegenteil: Sie sollten nach Möglichkeit Ihre klare Wahrnehmung und Ihre gesunde Offenheit im Umgang mit anderen Menschen beibehalten. Sie müssen Ihren Mann oder Ihre Frau nicht schlecht machen, über Ihren Vater oder Bruder keine intimen „Stories" verbreiten, aber Sie brauchen auch nicht so zu tun, als gäbe es das Alkoholproblem nicht. Wenn also sein Trinken diese oder jene Auswirkung hat, dann benennen Sie das vor anderen einfach so, wie es ist. **Sie durchbrechen damit die krankhafte – und auch krank machende – Schweigemauer,** die dem Betroffenen nur dazu verhilft, sein Verdrängen und Verleugnen beizubehalten und der lebensbedrohlichen Wahrheit nicht ins Angesicht sehen zu müssen. Sie helfen Ihrem Angehörigen, sich selbst und der ganzen Familie auch insofern zur Gesundung, dass Sie die Abschottung von anderen Menschen, das Vermeiden tieferer und ehrlicher Kontakte von außen nach innen und umgekehrt nicht mehr fortsetzen. Es entsteht mehr Heilsames, Gesundes und Förderliches, wenn die Familiengrenzen nach außen wieder eine normale Durchlässigkeit bekommen.

Unterlassen Sie es nach Möglichkeit, Ihren Angehörigen **vor den Konsequenzen seines krankhaften Verhaltens zu schützen**. Das heißt natürlich nicht, dass Sie ihn mit einem epileptischen Anfall oder in der Gefahr, an Erbrochenem zu ersticken, einfach liegen lassen dürfen. Das heißt aber zum Beispiel, dass Sie eine solche Situation schamlos und entschieden dafür nutzen können, ihn umgehend in das nächste Krankenhaus einweisen zu lassen. Sie haben ihn dann in einer Notfallsituation gerettet, verstecken aber weder vor dem vertrauten Hausarzt noch vor den herbeigerufenen Sanitätern, was die Ursache dieses bedrohlichen Zustandes ist. So ersparen Sie Ihrem Angehörigen nicht die natürliche Konsequenz seines Trinkens, nämlich dass er sich im Krankenhaus wiederfindet, eventuell einen Entzug durchmachen muss, zumindest sich aber mit Ärzten und Pflegepersonal auseinander setzen muss, die ihm etwas über seine Alkoholkrankheit oder über seine augenblicklichen Leberwerte erzählen können.

Wenn er nicht versucht, ordentlich die Füße zu heben, dann lassen Sie ihn liebevoll auf die Nase fallen. Nicht aus Rache und in böser Absicht, das heißt, nicht wenn er gerade schlafwandelnd auf dem Balkongeländer turnt. Aber so weit es ihn und andere nicht gerade in Lebensgefahr bringt, lassen Sie ihn die Folgen seines Trinkens spüren. So funktioniert schon bei Kindern liebevolle und gewaltfreie Erziehung, indem man sie einfach die Erfahrung machen lässt, dass man im Winter ohne Jacke friert. Das ist sehr viel besser, als jahrelang immer um das Anziehen einer warmen Jacke zu kämpfen. Das heißt beispielsweise auch, dass Sie keine Schulden übernehmen sollten, die direkt oder indirekt durch das Trinken entstanden sind. Trinken beruhigt, entspannt und hilft, jede unangenehme Erkenntnis auszublenden. Wenn Sie sich wünschen, dass Ihr Angehöriger etwas verändert, so muss die Wahrheit irgendwie durch diese alkoholselige Wattierung hindurchdringen und **spürbar** werden. Möglicherweise muss es halt einfach weh tun. Sie sorgen damit nicht für die Entgleisung der Situation. Sie sorgen nur dafür, dass die Konsequenzen des Trinkens früher auftreten,als sie auftreten würden, wenn Sie alles Unangenehme verhüten und verhindern wollen. Mit solcher Fürsorge helfen Sie nur der Sucht, Ihren Angehörigen noch länger im Griff zu halten. **Was passieren muss, passiert sowieso.** Trinken kann man nicht geheim halten. Wer alkoholabhängig ist, wird früher oder später im Beruf nicht mehr die nötige Leistung bringen. Er wird im Bekannten- und Freundeskreis auffällig werden, wird möglicherweise den Führerschein verlieren oder irgendwelche gesundheitlichen Probleme bekommen. Je früher von außen spürbare Reaktionen kommen, umso eher wird der Betroffene die Chance bekommen, seine Abwehrmechanismen aufzugeben und sich mit seiner Suchterkrankung auseinander zu setzen. Wie er dann entscheidet, können Sie sowieso nicht bestimmen. Aber er bekommt damit erstmals eine reelle Chance, sich überhaupt bewusst einer **eigenverantwortlichen Entscheidung** stellen zu müssen.

Um diese Ermutigung zu verstärken, möchte ich Ihnen noch Folgendes sagen: **Ist es nicht so, dass Sie im Laufe der Jahre aufgehört haben, ihm oder ihr noch etwas zuzutrauen?** Ist Ihre Achtung, Ihr Zutrauen in die Stärken und Fähigkeiten des Partners nicht allmählich so weit geschrumpft, dass Sie sich nicht mehr vorstellen können, wie er es ohne Sie oder Ihre Kontrolle und Führung schaffen sollte? Überlegen Sie einmal, wie verächtlich und lieblos dieses Bild von Ihrem Angehörigen im Grunde ist.

Versuchen Sie, ihm die Verantwortung und Entscheidungsfreiheit für sein Leben wieder zurückzugeben, und trauen Sie ihm zu, dass er auch wirklich selber etwas damit anfangen kann. Je mehr Sie für ihn übernehmen, je mehr Sie ihn schützen und versorgen, umso weniger wird er noch an sich selbst glauben können, umso weniger Chance hat er, Eigenverantwortlichkeit und Selbstfürsorge zu entwickeln.

Zum Abschluss möchte ich den Frauen alkoholabhängiger Männer noch ein bekanntes Märchen mit auf den Weg geben, das ich nur ganz leicht abzuwandeln gewagt habe. Eines habe ich jedoch ganz getreulich beibehalten: Die Prinzessin küsst den Frosch **nicht.** Ich möchte Ihnen damit Mut zusprechen, sich etwas zu trauen und dem anderen wieder etwas zuzutrauen!

Der Froschkönig –
Und wie er von einer ungehorsamen Prinzessin erlöst wurde

Es war einmal eine reizende und kluge Prinzessin, die allerhand an schönen Kleidern und Schmuck besaß und im prächtigen Schloss ihrer Eltern aufwuchs. Obwohl sie die Jüngste war, zog ihr königlicher Vater sie ob ihres artigen und gewandten Auftretens bei allen öffentlichen Anlässen ihren Geschwistern vor und war recht stolz auf sie.

Von allen ihren Besitztümern war ihr jedoch ein kleiner goldener Ball das allerliebste. Fast jeden Tag schlich sie sich alleine aus dem Schloss heraus in den Park und setzte sich in die Nähe eines kühlen Brunnens, in dem herrliche Seerosen und Wasserlilien wuchsen. Immer wieder warf sie dann mit großem Vergnügen ihren goldenen Ball in die Luft und fing ihn mit viel Geschick wieder auf. So spiegelglatt war der goldene Ball durch die ständige eifrige Benutzung geworden, dass er im hellen Sonnenlicht hoch in der Luft selbst wie ein kleines Sonnengestirn blitzte und dass die Königstochter, wenn er ihr wieder in die Hände gefallen war, ihr liebreizendes Gesichtchen darin erblicken konnte. Hörte sie Schritte auf den Kieswegen um das Schloss herankommen, so steckte sie ihn jedesmal blitzschnell in die Taschen ihrer Kleider, so besorgt war sie um die Entdeckung ihres schönen stillen Spieles. Eines Tages hatte sie wieder heimlich das Schloss verlassen und sich an ihr vertrautes einsames Plätzchen geschlichen, als ihr ein Unglück widerfuhr. Sie warf ihren Ball wieder nach Herzenslust in die Luft und fing ihn auf und wurde bei diesem Spiel so richtig froh und unbeschwert, als sie den Ball bei einem besonders hohen Wurf nicht mehr zu fassen bekam, sondern dieser aufschlug und davonrollte, und immer weiter, bis er in den Brunnen hineinfiel und dort in der Tiefe verschwand. Erschrocken stürzte die Königstochter zum Rand des Brunnens und versuchte, das tiefe Dunkel mit ihren Augen zu durchdringen, aber zu ihrem großen Kummer konnte sie ihren Ball nirgends entdecken. Da saß sie im Gras und schluchzte bitterlich und rief, sie wolle alles hergeben, ihre Kleider und ihren Schmuck und was auch immer, wenn sie nur ihren goldenen Ball wiederbekäme. Da tauchte neben ihr aus dem Wasser plötzlich ein Frosch auf, kletterte auf ein Seerosenblatt und hub mit menschlicher Stimme an zu sprechen: „Königstochter, Deine Klagen sind mir im tiefen Brunnen zu Ohren gekommen. Höre, Deine Kleider und Deinen Schmuck verlange ich nicht. Wenn Du jedoch möchtest, dass ich Dir Deine goldene Kugel heraufhole, so musst Du mir versprechen, mich zum Gesellen zu nehmen, mich lieb und wert zu halten, mich von Deinem goldenen Tellerlein essen und mich in Deinem weichen Bettlein schlafen zu lassen“.

Die Königstochter besah sich mit äußerstem Widerwillen den glitschigen, hässlichen Frosch. Da sie jedoch meinte, keine andere Wahl zu haben, um an ihren goldenen Ball zu gelangen, so stimmte sie zu. Als der Frosch so ihr unüberlegt und hastig gegebenes Versprechen erhalten hatte, sprang er ins Wasser, tauchte tief und brachte alsbald den schweren goldenen Ball in seinem Maule wieder hoch. Er warf ihn an Land und die Königstochter sprang hastig hinterdrein, schnappte sich ihren geliebten Ball und rannte ohne Umsehen zurück ins Schloss. Sie glaubte, der Frosch könne seinen Brunnen ja doch nicht verlassen.

Am Abend saß die königliche Familie im Saal bei einer festlich gedeckten Tafel und aß plaudernd und vergnügt von den silbernen Platten, die zahlreiche Bedienstete immer wieder mit köstlichsten Speisen vorhielten.

Plötzlich war von draußen ein feines Plitschen und Platschen auf der marmornen Treppe zu hören und dann war etwas vor der Türe, das deutlich anklopfte. Als dann eine quakende Stimme rief: „Königstochter, mach auf und lös mir Dein Versprechen ein!" sah der König, wie seine jüngste Tochter kreideblass wurde und sich vor Schreck nicht mehr rühren konnte. Als er sie fragte, was dieser seltsame Vorfall zu bedeuten habe, berichtete sie ihm von dem Verlust ihres goldenen Balles und auf welche Weise sie ihn zurückerhalten habe. Der König, dem das heimliche Spiel mit dem Ball missfiel, befahl seiner Tochter, die Tür zu öffnen und den Frosch hereinzulassen. Sie gehorchte ihrem Vater und alsbald plitschte und platschte der hässliche kleine Frosch der Prinzessin auf Schritt und Tritt nach, bis sie durch den ganzen großen Saal endlich wieder an ihrem Platz angelangt war – unter den verwunderten Blicken der Familie und der Bediensteten. Nun verlangte der Frosch, sie solle ihn hochheben auf den Tisch und ihn mit von ihrem Tellerchen essen lassen, so wie sie es ihm zugesagt hätte. Die Prinzessin, der dieses Ansinnen von Herzen zuwider war, bekam von ihrem Vater mit harter Stimme zu hören: „Was Du versprochen hast, das musst Du nun auch einhalten". So aß das Fröschlein mit seiner langen Zunge mit vom Tellerlein der Prinzessin, der daraufhin kein Bissen mehr schmecken wollte. Als er satt war, rief der Frosch: „Nun möchte ich mit Dir einen Spaziergang durch die Stadt machen und mich einmal so recht in Deinem Reich umsehen". Der armen Prinzessin stieg die Röte ins Gesicht bei dem Gedanken, von allem Volk in Begleitung dieses lächerlichen Geschöpfes gesehen zu werden, dennoch fügte sie sich und ging mit dem Frosch in die Stadt. In der Gangart des Frosches bewegten sie sich durch die Strassen und mehr als einmal wollte die Prinzessin am liebsten in den Boden versinken, wenn sie die offenen Mäuler, die spöttischen Blicke und das verhaltene Lachen der Leute bemerkte. Der Frosch schien sich aber recht wohl zu fühlen und seinen quakenden Auftritt ganz in der Ordnung zu finden. Endlich hatte er genug von seinem Ausflug und wollte mit der Prinzessin ins Schloss zurückkehren. Am großen Portale stand schon der ergrimmte König, der überprüfen wollte, ob seine Tochter ihr Versprechen auch wirklich einhielt. Noch vor dem Tore sagte der Frosch: „Nun bin ich recht müde geworden von diesem Spaziergang und möchte mich zu Dir in Dein Bettlein schlafen legen". Die Königstochter wurde weiß vor Wut und wollte schon auf der Stelle kehrtmachen, als der König ihr zornig und bei seiner Ungnade befahl, ihr gegebenes Wort zu halten.

Mit Tränen in den Augen und so bitter wie böse im Herzen packte sie den Frosch mit zwei spitzen Fingern und trug ihn hinauf in ihre Kammer. Während der Frosch vor dem für ihn viel zu hohen Bett der Prinzessin wartete, zog sie trotzig ihr allerschönstes Nachtgewand an, stieg über den Frosch hinweg und legte sich alleine in ihr Bett.

Der Frosch quakte daraufhin laut und verlangte, von ihr ins Bett gehoben zu werden. Da richtete sich die Prinzessin zornig auf, packte den Frosch und warf ihn mit Wucht an die Wand. Dann drehte sie sich um, deckte sich zu und rief: „So, nun wirst Du mich wohl endlich in Ruhe lassen, Du garstiger Frosch".

Hinter ihrem Rücken war nun aber der Frosch nicht tot von der Wand gefallen, sondern machte durch den Aufprall eine gar merkwürdige Verwandlung durch. Die Froschhaut platzte an allen Enden auf und bis das Fröschlein zu Boden gestürzt war, war daraus ein großer und schöner Prinz geworden. Dieser trat nun leise an das Bett der Prinzessin heran und beugte sich lächelnd über sie. Da sie ihn in dieser Gestalt erblickte, war er nun recht ein Gemahl nach ihrem Herzen. Sie küsste ihn voll Freude und hielt ihn lieb und wert, wie sie es dem garstigen Frosch versprochen hatte. Der Prinz und die Prinzessin wurden ein Paar und am nächsten Morgen hielt ein achtspänniger prächtiger Wagen vor dem Schloss, der die beiden Hochzeiter abholen und in das Reich des Prinzen fahren sollte. Den Wagenschlag hielt des Prinzen getreuer Heinrich auf, der nie zum Brunnen gekommen war und in der Ferne auf die Erlösung seines Freundes gewartet hatte. Verwundert sah der König seine jüngste Tochter mit einem edlen Manne abreisen.

Auf der langen Fahrt herzte der Prinz seine schöne Frau so manches Mal und sagte immer wieder, er sei froh und dankbar, dass sie keine Frösche küssen wollte.

So finden Sie Hilfe

Es genügt aber nicht, wenn die Angehörigen sich auf sich selbst besinnen. Wenn es in Ihrer Familie Alkoholprobleme gibt, dann sollten Sie sich **unbedingt** auch externe Hilfe holen. Schieben Sie alle Ihre Bedenken beiseite, lassen Sie sich auch nicht von irgendwelchen Sabotage-Gedanken behindern, wie beispielsweise: „ Es kann mir ja doch keiner helfen!“ oder „Das muss ich schon alleine schaffen!“ Sich Hilfe zu holen, um seine Probleme lösen zu können, ist kein Zeichen von Schwäche. Im Gegenteil: Dieser Entschluss zeugt von Mut, Klugheit und einem hohen Maß eigenverantwortlichen Handelns.

Holen Sie sich als erstes Hilfe für sich selbst. Selbst wenn Ihr abhängiger Angehöriger nicht mitzieht, unternehmen Sie trotzdem etwas. Da die meisten Hilfsangebote für Sie zugleich auch Anlaufstellen für Ihren Angehörigen wären, erhöht sich mit Ihrem Schritt sowieso die Chance, dass er oder sie irgendwann – sei es aus Neugier oder weil die Hemmschwelle durch Sie niederer geworden ist – nachkommt.

Hilfe finden Sie bei folgenden Stellen:

1. **bei Ihrem Hausarzt,**
2. **bei Beratungsstellen,**
3. **bei Selbsthilfegruppen in Ihrer Umgebung.**

Erste Anlaufstelle sollte Ihr **Hausarzt** sein. Möglicherweise erhalten Sie schon hier einige wichtige Ratschläge sowie Adressen von Beratungsstellen. Trotzdem müssen Sie beachten, dass sich manche Ärzte nicht genügend mit Suchterkrankungen beschäftigt haben und teilweise auch aus falsch verstandener Hilfsbereitschaft ein co-abhängiges Verhalten praktizieren. Kann er Ihnen nicht weiterhelfen, so erfahren Sie Adressen und Zeiten von Beratungsstellen und Selbsthilfegruppen ein- bis zweimal wöchentlich in Ihrer Tageszeitung. Der einfachste Weg ist aber, das **Telefonbuch** aufzuschlagen und sich hier die entsprechenden Beratungsstellen herauszusuchen. Von diesen erfahren Sie auch alle anderen möglichen Hilfsangebote, beispielsweise die Treffpunkte und Zeiten der Selbsthilfegruppen, Therapiemöglichkeiten für sich und Ihren Angehörigen und so weiter.

Wo müssen Sie im Telefonbuch nachsehen?

Für **Deutschland**:

In fast jeder Stadt finden Sie professionelle Beratung entweder unter „Beratungsstelle für ...“ (z. B. Alkohol- und Drogenprobleme, Familien- und Lebensberatung). Spezialisiert auf Suchtprobleme sind die Beratungsstellen von „Caritas“ und „Diakonie“, Rat geben auch die so genannten „Psychosozialen Beratungsstellen“. Auch bei den Gesundheitsämtern können Sie Adressen erfragen.

Für die **Schweiz**:

Suchen Sie am besten ebenfalls im Telefonverzeichnis der nächsten Stadt entweder unter „Beratungsstelle für Alkohol- und Suchtprobleme“ oder „Blaues Kreuz“, im Berner Raum sowie in der Innerschweiz auch unter „Sozialmedizinische Dienste“.

Für **Österreich**:

Im Telefonbuch finden Sie unter „Sozialmedizinischer Dienst“, „Alkoholberatung“ oder „Blaukreuz“ die entsprechenden Beratungsstellen.

Wie ich schon vorab gesagt habe, stehen **alle Beratungsstellen** selbstverständlich nicht nur **den Betroffenen offen**, sondern immer ganz besonders **auch den mitbetroffenen Angehörigen**.

Sucht wird schließlich gerade von Fachleuten als eine „Familienkrankheit“ angesehen, an der alle miteinander zu leiden haben. Zudem kann ich nicht oft genug wiederholen, dass der erste Schritt in eine Behandlung sehr häufig von den Angehörigen gemacht wird und dass die Betroffenen dann – mitunter mit einiger Verzögerung – nachziehen. Das erscheint auch ganz logisch nach allem, was wir in den vorangegangenen Passagen diskutiert haben: je gesünder Sie selbst werden – vielleicht mit Hilfe einer eigenen Therapie, Beratung oder Angehörigengruppe –, umso weniger co-abhängig werden Sie sich vermutlich verhalten und umso eher werden Sie konstruktiven Druck bei Ihrem betroffenen Familienmitglied erzeugen können. Also: packen Sie es an!

Die Beratungsstellen stehen im übrigen **unter Schweigepflicht**. Erstgespräche sind in der Regel **kostenlos**, teilweise auch die weiteren Gespräche. Von Bundesland zu Bundesland verschieden, werden mitunter für fortlaufende Gespräche geringe Beiträge erhoben. Berechnet wird maximal bis **1 % des Netto-Einkommens**, wobei dies je nach persönlicher Situation überall recht großzügig gehandhabt wird. Es geht vor allem um Hilfe für Sie.

Hier vielleicht noch **ein paar Worte zu angehörigen Männern**:

Wie allgemein im Gesundheitswesen bekannt ist, kümmern sich Männer oft bis kurz vor dem völligen Zusammenbruch nicht besonders gut um ihr Befinden und um ihre Gesundheit. Angeblich kennt ein Indianer keinen Schmerz, aber eigentlich hat gerade der Schmerz eine lebenswichtige Warnfunktion für uns. Davon, dass Sie glauben, Sie könnten mit niemandem darüber reden und müssten sowieso alles alleine schaffen, wird sich in der Familie nichts ändern! Sie überfordern sich höchstens so lange, bis Ihnen nur noch Weggehen und Trennung bleiben und die Familie auseinanderbricht.

Deshalb gilt auch für Sie: **„Zeigen Sie echten Mut und holen Sie sich Hilfe!“**

Allerdings sollten Sie sich auch klar machen, dass die Familienkrankheit Sucht nichts ist, was schnell repariert werden kann und dann erledigt ist. Sucht ist eine lebenslange Herausforderung, die auch von den Angehörigen eine langfristige Auseinandersetzung und **eigene Veränderungsbereitschaft** verlangt.

Ich habe schon zuvor den – nicht mit Zahlen belegten – Eindruck geschildert, den angehörige Männer bei Kolleginnen aus der Suchtarbeit mit Frauen sowie in der Selbsthilfe hinterlassen. So scheinen einige Männer weniger Durchhaltevermögen aufzubringen als weibliche Angehörige. Wenn die Frauen trocken sind, begleiten sie diese seltener in die Nachsorge-Gruppen, auch scheinen sie deutlich seltener bereit als Frauen, die eigene Alltagsgestaltung oder gar den eigenen Alkoholkonsum zu verändern. Das ist schade, denn gemeinsam bewältigte Krisen führen oft zu sehr positiven und lebendigen Entwicklungen der Partnerschaft und verbinden aufs Neue. Dabei gilt: Jeder Verzicht wegen des Trinkens ist für alle schädlich, aber zumutbare Opfer zugunsten der Abstinenz lohnen sich auch für die Angehörigen!

Für **Kinder aus suchtbelasteten Familien** gibt es bei Bedarf ebenfalls Hilfe. Oft geht es den Kindern allein schon dadurch besser, dass die Erwachsenen aktiv werden und ihre Probleme anpacken. Wenn Sie aber den Eindruck haben, dass Ihre Kinder weiterhin schwer an der gemeinsamen Geschichte tragen, holen Sie sich auch in diesem Fall **Rat bei den zuständigen Beratungsstellen**. Eventuell wird man Sie zu Kinder- und Jugendtherapeuten weiter vermitteln müssen, möglicherweise helfen aber auch Selbsthilfegruppen für Kinder und Teenager wie die Ala-teen der Anonymen Alkoholiker.

Die Teilnahme an Selbsthilfegruppen ist für Angehörige eine große Unterstützung. Hier treffen sich, je nach Organisation, entweder nur Angehörige oder Angehörige und Betroffene in gemischten Gruppen. Sie unterstützen und beraten sich gegenseitig, wegen ihrer persönlichen Erfahrungen haben sie großes Verständnis füreinander und schlagen sich Lösungen vor. Natürlich funktioniert jede Gruppe ein bisschen anders und wird in ihrer Art von den Gruppenteilnehmern geprägt. Wenn Sie als Angehörige/r in eine Gruppe „hineingeschnuppert" haben und diese Ihnen nicht gefällt, dann sollten Sie nicht einfach aufgeben. Schauen Sie noch einmal in ein oder zwei andere Gruppen hinein, dann werden Sie mit Sicherheit die für Sie passende Zusammensetzung und Atmosphäre finden. Selbst in ländlichen Gegenden ist das Angebot in der Regel erstaunlich breit gefächert, so dass sich dieser Aufwand am Anfang durchaus lohnt. Eine gemischte Gruppe hat im Übrigen den Vorteil, dass Ihr Angehöriger sich möglicherweise nach einiger Zeit ebenfalls „traut" mitzukommen.

Nun sollen Sie aber auch noch etwas über **die verschiedenen Hilfsangebote für Ihr suchtkrankes Familienmitglied** erfahren. Diese werden über den **Hausarzt oder die örtlichen Beratungsstellen** vermittelt.

Not macht erfinderisch. Unter dem zunehmenden Kostendruck der letzten Jahre hat sich das sowieso gute Behandlungsangebot für Suchtkranke nach meinem Eindruck noch weiter verbessert und ist vielseitiger geworden. Es wird eine schon recht ansehnliche Palette ambulanter Behandlungen angeboten, die stationären Behandlungen sind individueller und effektiver geworden, ebenso der Umgang mit der Rückfall-Problematik. Der Weg eines suchtkranken Menschen in die Abstinenz ist nicht immer geradlinig, mitunter muss er mehrere Anläufe nehmen, deshalb ist ein breiter gefächertes Angebot unbedingt wünschenswert.

Eines kann ihm aber nicht erspart werden: **diesen Weg muss er selbst marschieren!** Er kann wohlgesonnene Wegbegleiter bekommen und gute Landkarten, aber die Füße muss er selbst heben.

Nehmen wir aber jetzt einmal an, er oder sie ist endlich bereit, etwas gegen das Alkoholproblem zu unternehmen.

Der Hausarzt, vor allem aber die Suchtberatungsstellen können zunächst einmal eine Reihe von so genannten **Motivationsgesprächen** anbieten. Ihr Angehöriger verpflichtet sich dabei in keiner Weise zu Abstinenz, sondern nutzt lediglich die Möglichkeit, sich im Gespräch mit Fachleuten über sein Trinken klarer zu werden, für sich auch bewusster entscheiden zu können, ob für ihn selbst ein Problem vorliegt und wieweit er etwas daran ändern möchte.

Möchte Ihr Angehöriger schließlich selbst etwas an seinem Trinken verändern, dann muss erst entschieden werden, ob eine **stationäre Entgiftung** notwendig ist. Der Hausarzt oder in der Regel ebenso kompetente Suchtberater klären mit ihm ab, ob eine körperliche Abhängigkeit vorliegt und bei Absetzen des Alkohols mit Entzugsbeschwerden zu rechnen ist (siehe I. Kapitel), so dass ein fünf- bis zehntägiger Krankenhausaufenthalt notwendig würde.

Der nächste Schritt besteht darin, dass Ihr Angehöriger zusammen mit Ihnen, dem Hausarzt und/oder den Suchtberatern entscheidet, ob er nach der körperlichen Entgiftung zur Sicherung dauerhafter Abstinenz eine ambulante Therapie oder aber eine stationäre Therapie durchführen möchte.

Ambulante Therapie bedeutet, dass er oder sie die **Behandlung von zuhause aus** durchführt und nicht **in einer Fachklinik stationär** behandelt wird.

Viele **Beratungsstellen bieten** inzwischen – je nach ihren Konzepten und Kapazitäten zusammen gesetzte – **ambulante Therapien** an, wobei immer regelmäßige Einzel- und Gruppengespräche dazugehören.

Auch hier muss zunächst entgiftet werden, das heißt, der Betroffene muss den Alkohol absetzen. Dafür ist wiederum eine ambulante oder stationäre Entgiftung, möglicherweise unter medikamentösem Schutz, notwendig.

Auch ohne Krankenhaus-Einweisung wird der Patient für diese kurze Zeit vermutlich krankgeschrieben werden müssen.

Anschließend führt er in einer Fachambulanz oder einer Beratungsstelle eine **neun- bis zwölfmonatige ambulante Therapie** durch. Die Häufigkeit der Gruppen- und Einzelgespräche variiert, mit einer wöchentlichen Gruppen-Sitzung müssen Sie aber in jedem Fall rechnen. Zudem werden die Angehörigen zu Familiengesprächen geladen. Zusätzlich wird mitunter auch noch ein Entspannungstraining angeboten.

Von manchen Kliniken wird ein spezielles ambulantes Behandlungsprogramm für stark rückfallgefährdete Alkoholkranke angeboten, das ein Göttinger Psychiatrie-Team entwickelt hat. Dieses „ALITA"-Programm geht über zwei Jahre und beinhaltet zuerst die stationäre Entgiftung, anschließend drei Monate lang tägliche Kurzkontakte im Krankenhaus, die in den nächsten drei Monaten auf dreimal wöchentlich, schließlich auf zweimal und einmal pro Woche reduziert werden. Anschließend soll in die Nachsorge übergeleitet werden. Das Spezielle an diesem Programm ist, dass neben den Gesprächen zwei Medikamente zum Einsatz kommen, die mit Alkohol unverträglich sind. Anfangs werden diese Medikamente täglich unter Aufsicht genommen, später die Ration bis zum nächsten Termin mitgegeben. Trinkt der Betroffene trotz Medikamenten-Einnahme Alkohol, geht es ihm sehr schlecht.

Versäumt er einen Termin oder besteht Rückfall-Verdacht, kommt es zur so genannten „aggressiven" Nachsorge. Das heißt, Therapeuten rücken aus und suchen den Betroffenen zuhause auf. Selbstverständlich braucht ein solches Vorgehen das unbedingte Einverständnis des Patienten.

Ambulante Behandlungen haben den Vorteil, dass der Patient weiterhin in seinem beruflichen und familiären Umfeld verbleiben kann. Zugleich können die alltäglichen Probleme rasch und regelmäßig besprochen werden.

Nachteile bestehen darin, dass die Betroffenen ebenso wie die Angehörigen keinen Abstand voneinander und von der gewohnten Alltagssituation bekommen. Zeit für sich, Zeit zum Nachdenken, Abstand vom Alltagstrott und von Gefährdungen wird man leichter in einer stationären Therapie finden.

Eine **stationäre Entwöhnungstherapie** wird in einer – meist recht schön gelegenen –Fachklinik durchgeführt und dauert **zwischen zwei und sechs Monate**. Für die Angehörigen gibt es in dieser Zeit Besuchsmöglichkeiten. Zudem werden Familiengespräche und Partnerseminare angeboten, die Sie unbedingt schon zu eigenem Vorteil nutzen sollten.

Auch **suchtkranke Mütter mit Kindern** können dies übrigens nutzen. Es gibt sogar Therapie-Einrichtungen, die bei doppelter Suchtbelastung der Eltern die komplette Familie aufnehmen. Für schulpflichtige Kinder wird dabei der Schulbesuch in der nächstliegenden Schule organisiert. Bleiben die Kinder zuhause, kann der allein betreuende Vater eine **Familienhelferin** beantragen, die von der Krankenkasse oder der Rentenversicherung bezahlt wird. Voraussetzung ist allerdings meist, dass die Mutter nicht berufstätig ist, der Vater arbeitet und die zu betreuenden Kinder bis zwölf Jahre alt sind.

Nach erfolgreicher Beendigung einer ambulanten oder stationären Therapie wird den Betroffenen immer dringend geraten werden, anschließend **regelmäßig** und **langfristig** die so genannte **Nachsorge** zu betreiben.
Abgesehen von Nachsorge-Gesprächen an der gewohnten Beratungsstelle wird es dabei in der Regel um den konsequenten Besuch einer **Selbsthilfe-Gruppe** gehen. Die Notwendigkeit einer solchen Rückfall-Vorsorge werden wir im nächsten Kapitel erörtern.

Die **Kosten für eine Therapie** werden in den verschiedenen Ländern in unterschiedlicher Weise übernommen. Die stationäre Entgiftung wird in Deutschland und der Schweiz von den Krankenkassen übernommen, die in der Schweiz auch die folgende Entwöhnungsbehandlung bezahlen. In Deutschland werden die ambulanten und stationären Entwöhnungsbehandlungen jedoch meist von den Rentenversicherern getragen. In Österreich kommen ebenfalls die Sozialversicherungsträger auf, bei unzureichender Versicherung die Behindertenhilfe.

Um diese Formalitäten brauchen Sie sich jedoch nicht zu kümmern, da Ihr Hausarzt und die Suchtberatungsstelle alle nötigen Anträge stellen.

An dieser Stelle noch eine zusätzliche Information zu Behandlungsprogrammen, von denen Sie vielleicht aus der Presse gehört haben: Für übermäßig trinkende Menschen, die aber noch nicht abhängig geworden sind, werden seit kurzem Kontroll-Trainings angeboten. In einem 10-Schritte-Programm können Teilnehmer – mit Hilfe einer Gruppe oder ganz selbständig – versuchen, ihren Alkoholkonsum auf ein normales Maß zu reduzieren. Dies ist zwar **geeignet für Nichtabhängige**, ein suchtkranker Mensch kann jedoch auch darüber seine Kontrollfähigkeit nicht wirklich wiedererlangen, selbst wenn es eine Zeit lang zu funktionieren scheint. Mitunter machen aber Abhängige über einen solchen Versuch erstmals bewusst die wichtige Erfahrung, dass sie eben auf Dauer keine Kontrollfähigkeit mehr besitzen.

Sucht im Alter – Was Angehörige wissen sollten!

Zum Abschluss dieses Kapitels möchte ich noch auf eine besondere Problematik eingehen:

Die Alkoholkrankheit beim älteren Menschen.

Fast täglich werden wir über sämtliche Medien mit den notwendigen Reformen im Gesundheits- und Rentenwesen konfrontiert und immer steht dabei im Hintergrund, dass unsere Gesellschaft eine ganz spezielle Veränderung durchmacht. Erstmals wächst der Anteil der älteren Mitbürger und -bürgerinnen stetig, während unsere Nachkommenschaft prozentual weniger wird.

Je mehr ältere Menschen es gibt, umso mehr ältere Menschen mit Alkoholproblemen sind aber zu erwarten.

Umso erstaunlicher ist, dass bis vor wenigen Jahren selbst Forscher, Fachleute und ärztliche Behandler kaum an suchtkranke alte Mensch gedacht haben. Erst innerhalb der letzten zehn Jahre wurden Untersuchungen durchgeführt und veröffentlicht sowie entsprechende Behandlungen angeboten. Trotzdem muss in diesem Bereich der Suchtarbeit noch viel getan werden, um den vorhandenen und zukünftigen Bedarf abzudecken.

In diesem Abschnitt geht es nicht um die Probleme, die innerhalb der Familie durch das Trinken eines älteren Mitglieds entstehen. Vielmehr hoffe ich, Ihnen für sich selbst und für Ihren betroffenen älteren Angehörigen einige **Informationen und Ratschläge** geben zu können.

Wenn Ihr 70-jähriger Vater bedenklich trinkt, fragen Sie sich vermutlich:

„Sollte ich ihn in seinem Alter nicht einfach machen lassen?“

Geht er mit gesundheitlichen Problemen zum Hausarzt oder gar ins Krankenhaus, dann wird er dort vermutlich auf die gleiche abwiegelnde Haltung treffen: „In dem Alter ist es doch egal! Was soll man da noch machen?“

Ja, oft wird das Problem Alkohol nicht einmal erkannt!

Wie aus verschiedenen Untersuchungen hervorgeht, scheinen Ärzte bei jüngeren Patienten viel häufiger als bei älteren an Alkohol als den Verursacher der zu behandelnden Krankheit zu denken. Sucht wird bei Senioren und Seniorinnen **seltener erfragt und diagnostiziert**, noch seltener sogar im Arztbericht für den Hausarzt oder den nächsten Behandler festgehalten.

Dabei scheint es deutliche Belege zu geben, **dass alte Menschen mit Alkoholproblemen häufiger ärztliche Behandlung benötigen als andere.** Anscheinend haben Menschen über 65 Jahren genauso viele Krankenhausbehandlungen wegen Herzinfarkten wie aufgrund von Alkohol-Folgekrankheiten.

Stürze, Depressionen, geistiger Abbau, Herz-Kreislauf-Probleme stehen nicht selten in Zusammenhang mit einem schädlichen Alkoholkonsum.

Wie kommt es aber, dass selbst Ärzte über das schädliche Trinken älterer Menschen hinwegsehen und keine Behandlungsversuche unternehmen?

Ein Grund mag darin liegen, dass ältere Menschen sich möglicherweise noch mehr als jüngere für ihr unkontrolliertes Verhalten **schämen** und deshalb falsche Angaben machen.

Vielleicht liegt es aber auch an der **oft relativ geringen Trinkmenge** der älteren Betroffenen, so dass das Problem leicht unterschätzt wird.

Die Leber scheint im Alter weniger durchblutet zu werden und kann darum den Alkohol vermutlich weniger rasch abbauen. Zudem steigt der Anteil des Körperfettes mit dem Alter, während der Wasseranteil sinkt. Dadurch steigt die Alkoholkonzentration im Blut an. Im Nervensystem dagegen kommt es altersbedingt zu Veränderungen, so dass die Wirkung des Alkohols weniger angenehm erlebt wird.

Die Folge ist vermutlich, dass der ältere Mensch nun zwar weniger trinkt, aber die geringere Menge trotzdem länger anhält und mehr schädigt.

Das heißt, dass der mäßige Alterskonsum täuschen kann. Missbrauch oder Abhängigkeit liegen möglicherweise auch bei geringeren Trinkmengen vor. Mit Entzugssymptomen und Folgekrankheiten muss schneller gerechnet werden.

Ältere Betroffene fallen insgesamt auch viel weniger auf als jüngere:

Sie sind in der Regel nicht mehr berufstätig, somit entfällt die äußere Kontrolle durch Kollegen und Vorgesetzte. Sie leben –wie andere Senioren auch – mitunter zurückgezogener, mit weniger Kontaktpersonen und Kontakten als früher, so dass sie leichter heimlich trinken können.

Sie benützen ihr Auto weniger, so dass sie auch im Straßenverkehr seltener mit Alkohol auffallen.

Zudem ähneln manche Auswirkungen des Trinkens altersbedingten Problemen. Nachlassende Gedächtnisleistung, Rückzug und körperliche Vernachlässigung werden dann dem Alter angelastet.

Ein weiterer Grund für das „Übersehen" des Altersalkoholismus in Wohnheim, Krankenhaus und Arztpraxis mag auch darin liegen, dass wir alle allzu leicht zu **Vorurteilen und Klischeevorstellungen gegenüber Alten** neigen:

Die Vorstellung, dass alte Menschen in ihrem Denken und in ihren Gewohnheiten festgefahren und zu Veränderungen weder bereit noch fähig seien, sitzt wohl recht fest in unseren Köpfen!

Dadurch kommen Ärzte, Helfer und Angehörige vorschnell zu der pessimistischen Einstellung: „Da ist doch nichts mehr zu machen!"

Und dann macht man natürlich auch nichts.

Nur wird diese resignative Haltung dem Potential unserer heutigen Seniorinnen und Senioren absolut nicht gerecht!

Überall, wo alten Abhängigkeitskranken Beratungs- und Behandlungsangebote gemacht werden, müssen diese Vorurteile inzwischen weitestgehend verworfen werden. Fachleute aus der Senioren-Suchtarbeit bestätigen:

Oft weisen Ältere sogar bessere Behandlungsergebnisse als Jüngere auf!

Lassen Sie sich also nicht vorschnell entmutigen, wenn Sie sich um ein altes Familienmitglied Sorgen machen und wünschen, dass es sein Trinkverhalten verändern möge.

Gerade der ältere Suchtkranke ist möglicherweise auf Ihre Hartnäckigkeit und Aktivität angewiesen, wenn er selbst aus Scham oder eingeschränkter Beweglichkeit nicht in der Lage ist, sich professionelle Hilfe zu holen.

Schauen wir uns also die Abhängigkeitskrankheit im Alter genauer an!

Fachleute unterscheiden die älteren Abhängigen bezüglich Dauer und Schwere der Erkrankung und teilen sie ein in:

1. **early-onset-Trinker,**
2. **late-onset-Trinker,**
3. **Rezidiv-Trinker.**

Die **early-onset-Trinker** sind diejenigen, die bereits in jüngeren Jahren abhängig getrunken haben und dies bis ins höhere Alter fortgesetzt haben. Möglicherweise ist ihre Trinkmenge wegen der oben geschilderten altersbedingten Veränderungen gesunken, die Selbstschädigung ist deshalb aber nicht geringer geworden. In dieser Gruppe gibt es vermutlich häufig Lebensgeschichten mit sozialem Abstieg und verlorenen familiären Bindungen. Auch müssten die gesundheitlichen Folgeprobleme in dieser Gruppe erheblich sein, da das schädliche Trinken ja schon viele Jahre besteht.

Die **late-onset-Trinker** sind diejenigen, die erst nach dem 60-sten Lebensjahr abhängig wurden. Doppelt so oft wie in der vorigen Gruppe werden hier im Vorfeld belastende Lebensereignisse angegeben.

Alles, was wir unter Verlust-Erfahrungen verstehen, wird von diesen erst im Alter abhängig gewordenen Menschen als Auslöser genannt:

Tod eines Ehepartners, Berentung, der Verlust von Freunden, Vereinsamung, Verlust von Gesundheit und Mobilität, Verlust von Lebenssinn und Selbstwert. Diese Gruppe ist häufiger sozial noch gut eingebunden, lebt geordnet und ohne größere finanzielle Probleme.

Interessanterweise erleben die Angehörigen dieser Gruppe das Trinken oft schwerwiegender als die Angehörigen der lebenslang Trinkenden. Beim späten Suchtkranken gibt es vermutlich auch ein besonders hohes Maß an Beschämung und Selbstwert-Verlust.

Die dritte Gruppe, die **Rezidiv-Trinker**, sind Abhängige, die schon lange abstinent gelebt haben und nun im Alter – womöglich im Rahmen ähnlicher Verlusterlebnisse wie in der vorigen Gruppe – rückfällig wurden.

Übrigens scheinen auch **Schlafprobleme**, die bei jedem fünften älteren Menschen auftreten, zu einem vermehrten Rückgriff auf Suchtmittel beizutragen.

Je nach der individuellen körperlichen, seelischen und geistigen Verfassung des älteren Menschen sowie je nach der Dauer und Schwere der Suchterkrankung wird das angestrebte Ziel variieren. Wo völlige Abstinenz vielleicht noch nicht erreichbar scheint, ist zumindest eine Verringerung des Konsums unbedingt wünschenswert.

Insgesamt berichten **Beratungsstellen und Kliniken** aber einhellig, dass **ältere Menschen** erstaunlich **positiv auf Hilfsangebote reagieren,** sobald sie die ersten **Ängste und Widerstände überwunden haben.**

Was heißt das nun für Sie als Angehörigen eines älteren Suchtkranken?

Wenn Ihr Partner, Ihre Partnerin oder ein anderes älteres Familienmitglied regelmäßiger oder vermehrt Alkohol konsumiert, sollten Sie sich von der möglicherweise insgesamt geringen Menge nicht vorschnell beruhigen lassen. Wenn parallel dazu **sozialer Rückzug, depressive Verstimmung, Stürze, geistiger Abbau, persönliche Vernachlässigung oder das Vernachlässigen immer noch möglicher Aktivitäten und Interessen** hinzukommen, dann sollten Sie aufmerksam werden und nach Möglichkeit mit dem Betroffenen offen über Ihre Sorgen sprechen.

Auch gegenüber dem Hausarzt oder dem behandelnden Arzt im Krankenhaus sollten Sie offen sprechen und sich nicht zu schnell demotivieren und mit einem Schulterzucken abspeisen lassen.

Auch im Fall eines suchtkranken älteren Angehörigen sind die örtlichen Suchtberatungsstellen die geeigneten Ansprechpartner für Ihre Fragen.

Manche Suchtberatungsstellen, wie die Psychosoziale Beratungsstelle in Waiblingen, bieten auch ambulante Gruppen speziell für ältere Suchtpatienten an. An manchen Orten scheint es allmählich eine Zusammenarbeit zwischen den Einrichtungen der Suchthilfe sowie denen der Altenhilfe zu geben. Im ambulanten Bereich scheinen auch diejenigen älteren Abhängigen gut unterstützt werden zu können, für die aus verschiedenen Gründen die sofortige und völlige Abstinenz noch nicht möglich zu sein scheint.

Ist Abstinenz das Behandlungsziel, so gibt es erfreulicherweise bereits recht viele Fachkliniken, die spezielle Angebote für ältere Patienten haben.

Darüber können die Suchtberatungsstellen informieren, Sie können aber auch selbst im Internet über die Deutsche Hauptstelle gegen die Suchtgefahren entsprechende Adressen erhalten (www.suchthilfe.de, weitersuchen unter: Sucht im Alter).

Es lohnt sich, seinen älteren Angehörigen zur Überwindung seiner Ängste zu motivieren, ihn zu einem vereinbarten Termin an die Beratungsstelle zu begleiten oder mit ihm vor Ort eine entsprechende Fachklinik unverbindlich anzuschauen.

Häufig sind **die erwachsenen Kinder** der betroffenen Seniorinnen und Senioren **die treibende Kraft, die Ärzte und Pfleger mobilisiert und fachliche Hilfe ausfindig macht**. Je nachdem braucht der ältere Mensch dafür tatsächlich mehr Unterstützung, nimmt sie aber auch oft besser als erwartet an. Nebenbei ist noch zu erwähnen, dass ältere Suchtkranke mit Abstinenz-Ziel den Alkoholkonsum nicht abrupt absetzen und vorsichtshalber eine stationäre Entgiftung durchführen sollten. Ihre Entzüge verlaufen mitunter nicht ganz unkompliziert und müssen dann mit Medikamenten gemildert werden.

In der **ambulanten Beratung, in Selbsthilfegruppen** oder während einer **stationären Therapie** erfahren ältere Abhängige Aufklärung über die Suchtproblematik, vor allem aber auch Kontakt, Akzeptanz und Anregung. In diesem Rahmen kann die Auseinandersetzung mit den Anforderungen des Alters leichter bewältigt werden.

Insgesamt scheinen gute Kontakte, das Erleben von Zugehörigkeit und Wertschätzung, Hilfen im Alltag sowie mehr Aktivität abstinenzförderliche Faktoren bei älteren Menschen zu sein.

Insbesondere für die late-onset- sowie die Rezidiv-Trinker scheint dadurch das Suchtmittel bald wieder überflüssig zu werden.

Sucht im Alter scheint nach allen bisherigen Erfahrungen durch Beratung, Gruppen oder Therapie gut beeinflussbar zu sein, sei es indem man eine **Begrenzung des Konsums und mehr soziale Kontakte** erreicht, sei es, dass **Abstinenz erreicht wird.**

Alle Fachleute berichten, dass sogar für recht betagte Abhängigkeitskranke **das Ziel erstrebenswert ist, in Würde und ohne beschämende Entgleisungen den Lebensabend zu beschließen**.

Motivierend wirken dabei noch folgende Aspekte und sollten dem alten Menschen auch deutlich gemacht werden:

Verringerung oder Beendigung des Alkoholkonsums geht oft damit einher, dass **der alte Mensch körperlich und geistig wieder fitter** wird und damit ein Stück verlorener **Selbständigkeit zurückgewinnen** kann.

Zudem benötigt er oder sie meist ja auch **Medikamente, die im Zusammenhang mit Alkohol oft ganz unberechenbar und sogar schädlich** wirken können. Verzicht auf Alkohol kann auch hier direkt zu mehr **Gesunderhaltung** beitragen.

Auch in hohem Alter ist so ein **Zugewinn an Lebensqualität** möglich!

Kapitel III

Achtung, Rückfall!

Dieses Kapitel möchte Ihnen helfen:

- ☞ mehr über die Rückfall-Problematik zu erfahren
- ☞ die Angst vor dem Rückfall abzubauen
- ☞ die Maßnahmen zu kennen, durch die Rückfälle verhütet oder aufgefangen werden können
- ☞ Ihre Möglichkeiten tatkräftiger Unterstützung kennenzulernen

Abstinenz als Lebensweg – Stolpern inbegriffen?

Nehmen wir nun einmal an, Sie hätten es mit Ihrem Angehörigen bis zum vorläufigen Happy End geschafft. Das heißt, er hat seine Krankheit eingesehen und akzeptiert, mit dem Trinken aufgehört, sich mit therapeutischer Hilfe in irgendeiner Form vertieft mit der Problematik auseinander gesetzt und nun hochmotiviert und voller Zuversicht seinen neuen, trokkenen Lebensweg angetreten.

Wunderschön für Sie alle, aber: **Damit ist die Geschichte weder für ihn noch für Sie zu Ende!**

Denn Alkoholismus ist eine **chronische** Krankheit und gilt nie als völlig ausgeheilt. Die Krankheit kann jederzeit wieder aufflackern. Der **Rückfall** ist ihr **Hauptsymptom**. Vielleicht macht Ihnen diese Thematik nach all den jahrelangen Belastungen und der endlich positiven Wende Angst und Sie möchten sich am liebsten gar nicht damit beschäftigen.

Aber: Es gibt eben auch Probleme, die man nicht loswerden kann, sondern mit denen sinnvoll umzugehen man lernen muss.

Ein solches Problem ist die konstante Möglichkeit, dass ein suchtkranker Mensch rückfällig werden kann. Darum darf dieses Thema nicht einfach weggeschoben werden. Im Gegenteil: Vermutlich kann sich derjenige am besten vor Rückfällen schützen, der sich am intensivsten mit seinen persönlichen Rückfallgefährdungen auseinander gesetzt hat.

Der beste Umgang mit Rückfällen ist, sie schon von vorneherein zu verhüten.

Aber so erfolgreich und konsequent sind wir auch in anderen Lebensbereichen nicht immer. Denken Sie nur einmal an die vielen guten Vorsätze, die Sie immer wieder gefasst haben, um Ihr Übergewicht loszuwerden, in diesem Jahr die Steuererklärung wirklich rechtzeitig abzugeben, beim nächsten Mal aber tatsächlich ganz souverän und pädagogisch auf die Streitereien der Kinder zu reagieren und sich nie wieder zu Frusteinkäufen hinreissen zu lassen. Sie haben sicher genügend Beispiele für eigene „Rückfälle“.

Deshalb sollten Sie sich immer wieder klarmachen:

Wenn Ihr Angehöriger sich auf seinen langen Weg in eine stabile Abstinenz und überhaupt auf seinen neuen, trockenen Lebensweg begibt, kann

er zwischendurch stolpern und auch hinfallen. Aber er sollte immer wieder aufstehen.

Wie man inzwischen weiß, hat der größere Teil der Menschen, die tatsächlich dauerhafte Abstinenz schaffen, zwischendurch durchaus mit Rückfallproblemen zu kämpfen. Das bedeutet: An der Rückfallgefährdung muss man arbeiten, aber absolut nicht verzweifeln.

Was ist ein Rückfall?

Man spricht von einem Rückfall, **wenn der Betroffene sich bewusst und willentlich Alkohol zuführt.** Menge und Darreichungsform spielen dabei keine Rolle. Der Rückfall gilt, ob sich jemand ein Bier bestellt und getrunken hat, ob jemand seine Bratensoße mit Rotwein anreichert oder ob er Schwarzwälder Kirschtorte isst. Er weiß jeweils, was er damit tut, und er will es auch.

Die oben genannte Rückfalldefinition geht sinngemäß aber noch weiter: Wenn jemand nämlich bewusst und willentlich **nicht dafür sorgt**, dass er **keinen Alkohol** zu sich nimmt. Wenn jemand nicht bereit ist, beim Einkaufen kurz einmal zu überprüfen, ob zum Beispiel die ausgesuchten Süßwaren Alkohol enthalten oder nicht, wenn er im Café oder im Gasthaus seine Bestellungen aufgibt, ohne sich jemals nach Alkoholzusätzen in Torten oder Soßen zu erkundigen, dann riskiert er oder nimmt vielleicht sogar billigend in Kauf, dass er mit Alkohol in Kontakt kommt.

Da er damit Alkohol in seinem Denken und Verhalten als eine für ihn nicht besonders gefährliche Substanz behandelt, hat er innerlich den Abstand zum Alkohol bereits wieder verringert, Alkohol in seinem Leben zugelassen und ist damit auch dann als rückfällig einzustufen, wenn er alkoholhaltige Getränke oder Speisen zu sich genommen hat unter dem selbstbetrügerischen Leitsatz: „Was ich nicht weiß, macht mich nicht heiß!“

Anders sieht die Situation aus, wenn Ihr Angehöriger sich zum Beispiel in einem Restaurant bei der Bedienung erkundigt, ob ein bestimmtes Menü mit Alkohol zubereitet sei, und darum bittet, ihn wegzulassen. Nehmen wir nun an, die Speise wird versehentlich trotzdem mit Alkohol zubereitet und ihm serviert. Möglicherweise merkt er das erst nach einigen Bissen und hat dann im Prinzip schon etwas davon aufgenommen. Der Alkohol in einer Soße ist vermutlich sowieso zum größeren Teil bereits verkocht, doch auch abgesehen davon ist Ihr Angehöriger in diesem Fall nach der genannten Definition vor allem deshalb nicht rückfällig geworden, weil er bewusst und willentlich weder Alkohol zugeführt noch zugelassen hat. Da er also in seinem Kopf, in seinem Denken und Verhalten den Abstand zum Alkohol **nicht verringert** hatte, ist dies **kein Rückfall** und sollte weder Sie noch ihn weiter beunruhigen. Er wird dann sein Essen vermutlich einfach eintauschen, sobald er es gemerkt hat.

Verschiedene Rückfallarten

Zwar hat ein Rückfall tatsächlich erst dann stattgefunden, wenn nach der oben genannten Definition Alkohol konsumiert wurde. Dennoch möchte ich Ihnen im Folgenden noch ein Modell vorstellen, bei dem zumindest zwei der verschiedenen Erscheinungsformen eines Rückfalls noch ohne Alkoholzufuhr vorkommen. Man könnte sie präziser vielleicht auch als „Rückfallvorläufer" bezeichnen. Dieses Modell stammt von Joachim Körkel und anderen anerkannten Rückfallexperten, deren Unterscheidungen ich beibehalte.

Die verschiedenen Rückfallarten

1. **Der schwere, d. h. anhaltende Rückfall**
2. **Der Ausrutscher, also kurzzeitige Rückfall**
3. **Der trockene Rückfall (in altes Denken, Fühlen, Verhalten)**
4. **Der systemische Rückfall (beispielsweise innerhalb des Familiensystems)**
5. **Der Versuch des „kontrollierten" Trinkens (alter Wunschtraum)**

Der schwere Rückfall entspricht dem Bild, das man sich im Allgemeinen vom Rückfall macht. Es handelt sich hierbei um die Art des Rückfalls, die den Betroffenen wieder völlig aus der Bahn wirft, möglicherweise sogar noch weiter zurückwirft in körperlicher, sozialer und seelischer Hinsicht, als er zum Zeitpunkt des Trinkens gewesen war. Es ist die **Schreckensvision des Rückfalls**, die zwar ihren gehörigen Kern an Wahrheit, aber eben nicht die ganze Wahrheit enthält und die Gefühle von Ohnmacht und Handlungsunfähigkeit auslösen kann.

Ein Beispiel für einen **anhaltenden Rückfall** könnte folgendermaßen aussehen:

Herr Ritter, ein kaufmännischer Angestellter mittleren Alters, konnte durch den Antritt einer stationären Therapie gerade noch einmal die angedrohte Kündigung und den endgültigen Auszug der Ehefrau verhindern. Während der Therapie arbeitete Herr Ritter zunehmend einsichtig mit, verlor einiges von der tief sitzenden Beschämung über sein vermeintliches Versagen und gewann wieder Selbstwertgefühl. Nach seiner Rückkehr war er gerührt über die neue Zuwendung von Seiten seiner Frau und der Familie sowie positiv überrascht von dem entgegenkommenden Verhalten seines Vorgesetzten. Er nahm sich fest vor, die Hoffnungen all dieser Menschen nicht noch einmal zu enttäuschen, nie wieder rückfällig zu werden und frühere Versäumnisse und Verfehlungen wieder gutzumachen. Zuhause kam er allen Erwartungen entgegen und in die Arbeit stürzte er sich mit übergroßem Einsatz. Er avancierte zum Vorzeigeangestellten, der bewies, dass man es mit ein bisschen guten Willen jederzeit schaffen konnte. In seiner Selbsthilfegruppe übernahm er bereits nach einem halben Jahr vertretungsweise die Sitzungsleitung. Nach einem Jahr erfolgreicher Abstinenz kam er häufig müde und abgespannt nach Hause, registrierte muskuläre Verspannungen und konnte sich zu nichts aufraffen. Als schließlich seine Frau mit den Kindern eine Woche zu den Schwiegereltern gefahren war und er kurz darauf wegen einer Grippe zu Hause bleiben musste, passierte „es". Er besorgte eine Flasche Rum und behandelte sich mit einem steifen Grog, bevor er sich ins Bett legte. Als er nach einem erholsamen Schlaf aufwachte, bekam er ob seines scheinbar völlig überraschenden Rückfalls einen gehörigen Schrecken. Er machte sich die heftigsten Vorwürfe und beschloss schließlich, diesen Vorfall für sich zu behalten. Zum einen schämte er sich für seine Schwäche, zum anderen wollte er die Angehörigen auch nicht unnötig ängstigen. Mit dem festen Vorsatz, dass ihm dies nicht noch einmal unterlaufen dürfe, leerte er die Flasche in den Ausguss und entsorgte sie geschickt. Da er nicht gegenüber seiner Frau schweigen und an anderer Stelle reden wollte, schwieg er am übernächsten Abend in seiner Selbsthilfegruppe, auch wenn er dabei ein etwas unangenehmes Gefühl auszuhalten hatte. Nach einiger Zeit schien der Vorfall vergessen und Herr Ritter bemühte sich umso mehr, allen Erwartungen gerecht zu werden. Gerade deshalb ließ die nächste Situation nicht allzu lange auf sich warten, in der Erschöpfung und Gelegenheit zu-

sammentrafen. Eigentlich war die Schwelle zum Rückfall sogar etwas niedriger geworden, da beim letzten Mal niemandem etwas aufgefallen war und Herr Ritter ja die Erfahrung gemacht hatte, auch einmal etwas trinken und es dann wieder stoppen zu können. Es kam, wie es kommen musste. Herr Ritter erfuhr wieder die entspannende, wohltuende Wirkung des Alkohols und nutzte sie in immer kürzeren Abständen. Die Beschämung über seine Rückfälligkeit und seine erneuten Lügereien wurde zum Anlass für weiteres Trinken. Der Rückfall nahm seinen Lauf.

Alkohol zerstört seelisch, körperlich, geistig und sozial und diese Gefahr besteht wieder, wenn ein Rückfall anhaltend fortbesteht und nicht unterbrochen wird. Bevor sich Herrn Ritters Rückfall zu diesem zerstörerischen Vollbild entwickeln konnte, hatte er jedoch bereits andere Arten von Rückfälligkeiten aufgewiesen, die noch recht gut zu handhaben gewesen wären, wenn man sie nur rechtzeitig beachtet hätte.

Spielen wir nun diesen Rückfall noch einmal so durch, dass es bei einem **kurzzeitigen Rückfall**, also einem **Ausrutscher** bleibt:

Wieder war unser Herr Ritter ein Jahr nach Therapieende zufällig ein paar Tage alleine zu Hause und körperlich angeschlagen. Scheinbar unvermutet kam es an einem Abend zu besagtem steifen Grog und am Morgen zum bitteren Erwachen. Doch diesmal schob Herr Ritter alle negativen Gedanken und verwirrenden Gefühle entschieden beiseite und handelte so, wie er es während seiner Therapie und auch immer wieder in der Selbsthilfegruppe gehört hatte. Zuerst versuchte er, seine Frau telefonisch zu erreichen. Da niemand abnahm, ging er unverzüglich die Telefonliste seiner Gruppenmitglieder durch, die er stets in seiner Brieftasche mit sich führte. Schließlich erreichte er Klara Wagner, eine seit fünfzehn Jahren trockene Geschäftsfrau, die selbstverständlich so schnell wie möglich zu ihrem Gruppenkameraden kam. Zusammen entsorgten Sie den Alkohol und erreichten schließlich die Ehefrau, die ihren Besuch sogleich abbrechen wollte. Nachdem gesichert war, dass Herr Ritter am Abend und am nächsten Tag nicht allein sein würde, besprachen sie das Vorgefallene und planten ein Gespräch in der Selbsthilfegruppe am übernächsten Abend. Sowohl mit der am Abend zurückkehrenden Ehefrau als auch schließlich in seiner Selbsthilfegruppe konnte er den Vorfall immer wieder durchgehen, erlebte auch nirgends die befürchteten Vorwürfe oder Enttäuschungen, sondern allgemeine Erleichterung über seine entschiedene Handlungsweise. Dabei wurde Herrn Ritter auch bewusst, dass das Ganze eben nicht aus „heiterem Himmel" geschehen war, sondern dass viele Monate zunehmender Überforderung und Unzufriedenheit vorausgegangen waren, bis er „reif" für einen Rückfall gewesen war. Schließlich suchte er den Suchtberater auf, der ihn seinerzeit zur stationären Therapie vermittelt hatte, und nahm bei diesem eine Reihe von Gesprächen in Anspruch. In diesen arbeitete er in der Therapie liegen gebliebene Themen weiter auf, so die belastenden Schuldgefühle und Wiedergutmachungswünsche gegenüber der Familie und seinem Vorgesetzten, seine Schwierigkeiten, den Erwartungen anderer auch einmal Grenzen zu setzen und für die eigenen Bedürfnisse einzustehen. Ihm wurde immer klarer, dass er für eine dauerhafte Abstinenz sein Leben zum Teil grundlegend ändern und seine Beziehungen anders gestalten müsste. In den nächsten Monaten schaffte er es, seinen Arbeitseinsatz auf ein normales Maß zurückzuschrauben, die Bedürfnisse seiner Angehörigen so zu beachten, wie es für ihn stimmte und nicht, wie es seinen Schuldgefühlen entsprochen hätte, eigene Interessen wieder aufzunehmen und in gesundem Maß Freiräume für sich zu beanspruchen. Schließlich hatte er erstmals seit Therapieende das Gefühl, dass Abstinenz für ihn tatsächlich nicht mehr Verzicht und immer währende Anstrengung, sondern im Gegenteil sehr viel Zugewinn an Lebensqualität bedeutete. Im Nachhinein war sein Rückfall für ihn ein Alarmsignal, das ihm erst wirklich zu einer dauerhaften Abstinenz verholfen hatte.

Der **trockene Rückfall** ist eigentlich nur ein gedankliches Modell, denn natürlich findet ein realer Rückfall erst dann statt, wenn der Betroffene etwas Alkoholisches getrunken hat. Deshalb sind sich auch Fachleute nicht einig, ob man von einem trockenen Rückfall überhaupt sprechen darf. Mir erscheint er aber als ein sehr brauchbares Arbeitsmodell, mit dem abhängigkeitskranke Menschen sich selbst möglicherweise besser einschätzen und somit „nasse" Rückfälle bereits im Vorfeld abfangen könnten. Der trockene Rückfall kann bei jedem Betroffenen anders aussehen, je nachdem, was für ihn in seiner nassen Zeit typisch gewesen war. Gemeint ist damit, dass jemand lange vor dem tatsächlichen Trinken in sein früheres Fühlen, Denken und Verhalten zurückfällt. Dieses frühere Verhalten ist bei jedem Betroffenen unterschiedlich, deshalb führe ich hier gleich mehrere Beispiele an:

Herr Sommer war ein freundlicher Mensch von eher ruhiger und ein wenig schüchterner Wesensart. In seiner nassen Zeit waren daraus extreme Selbstzweifel und Schamgefühle, auch Rückzug aus den meisten Be-

ziehungen und Aktivitäten geworden. Nach einer recht langen Zeit der Abstinenz, in der er eine Selbsthilfegruppe mit Interesse besucht und in einem Verein Sport betrieben hatte, kam es zu verschiedenen, im Grunde unbedeutenden Unstimmigkeiten. Er reagierte darauf jedoch tief gekränkt und zog sich zunehmend aus der Gruppe und dem Vereinsleben zurück. Nach einigen Wochen fiel ihm eines Abends in seiner stillen Wohnung vor dem Fernseher auf, dass eigentlich nur noch die Flasche Bier neben ihm fehlte, damit es wie früher wäre.

Frau Behrens hatte die Nase voll und fing mit Ihrem Mann einen schon längst fälligen Streit an. Nachdem er sich ein halbes Jahr nach der stationären Therapie sehr bemüht hatte und wieder der charmante, etwas ungebärdige, aber insgesamt verlässliche, clevere und ehrgeizige Bursche gewesen war, als den sie ihn kennengelernt hatte, kehrte er zunehmend die „nassen" Seiten wieder heraus. Er führte sich wieder wie ein rechter Macho auf, fiel allen durch angeberisches Gebaren und Besserwisserei auf die Nerven, war ihr auch durch sein vulgäres Imponiergehabe Frauen gegenüber zuwider. Ganz zurecht fürchtete sie, dass er so auch bald wieder seine Stammkneipe mit den alten Trinkgenossen als Publikum für seine peinlichen Darbietungen benötigen würde. Wie sich in diesem Streit herausstellte, war sein unangenehmes Verhalten die Reaktion darauf, dass er sich bei einer dienstlichen Beförderung übergangen und deshalb zutiefst gekränkt gefühlt hatte.

Auch bei Herrn Kunz waren es seine Frau und die halbwüchsigen Kinder, die nach zwei harmonischen Jahren der Abstinenz darauf hinwiesen, dass allmählich alles wieder wie früher wurde. In den „guten" Jahren hatte er seine Überkorrektheit und Leistungsorientierung gelockert, Fünf auch mal gerade sein lassen und lieber mit seiner Familie mehr Zeit verbracht. Seit neuestem lebte er nun wieder wie mit der Stechuhr und war entweder bei der Arbeit oder zuhause in seinem Arbeitszimmer beschäftigt. Wie früher wurde er wieder recht ungeduldig, wenn irgendetwas im häuslichen Alltag nicht gleich optimal funktionierte, übernahm dann die jeweilige Aufgabe lieber selbst und schob die anderen barsch zur Seite. Wie sich herausstellte, war dieser Rückgriff auf alte Denk- und Verhaltensweisen passiert, nachdem er unerwartet dienstlich befördert worden war und sich selbst nicht eingestehen wollte, dass er den neuen Anforderungen einfach nicht gewachsen sein würde.

Im Gegensatz zu den vorgenannten Beispielen sind es beim **systemischen Rückfall** nicht die Betroffenen selber, die rückfällig werden. Das systemische Rückfallmodell stammt aus der Familientherapie. Diese geht davon aus, dass wir keine isolierten Einzelwesen sind, sondern zu unseren sozialen Netzen, den Systemen, gehören. Nach diesem Modell kann ein einzelner Mensch nicht einfach allein für sich krank werden, sondern die Familie ist als Ganzes in ihren Wechselbeziehungen gestört. Das heißt, sie hat sich stabil eingependelt in einem Gleichgewicht, das erstarrt und für die Beteiligten nicht mehr förderlich ist. Anhand der Familie Üblich haben wir ja bereits eine solche Entwicklung mitverfolgen können und können uns an diesem Beispiel eine Reihe von Variationen zum systemischen Rückfall vorstellen:

Herr Üblich kehrt nach seiner Therapie in guter Verfassung nach Hause zurück und möchte nun seinen Platz als Ehemann und Vater wieder in voller Verantwortlichkeit ausfüllen. Trotz ihres großen Engagements für seine Therapie kann dies für alle Familienmitglieder auch schmerzhafte Umstellungen und Machteinbußen bedeuten. So möchte die „kleine Heldin" (in der Familie Üblich die älteste Tochter) vielleicht ihre Vertrauensstellung neben der Mutter, die Entscheidungsbefugnisse und Aufwertung nicht einfach aufgeben. Nach ihrem großen Einsatz kann die Rückstufung auf die Kind-Ebene, das erneute Einfügen in die Geschwisterreihe für sie auch kränkend und unverständlich erscheinen. Vielleicht wird die kleine Heldin deshalb immer wieder versuchen, sich um die Eltern zu sorgen, Liebe durch Leistung zu erreichen oder die Geschwister auch gegen deren empörten Widerstand zu „erziehen". Möglicherweise sucht sie sich später einen abhängigen Partner und kann so in ihrem co-abhängigen Verhalten bleiben. Rückfällig kann aber auch beispielsweise der „Sündenbock" werden (in der Familie Üblich der mittlere Sohn). Obwohl durch die Therapie die Eltern wieder miteinander ins Gespräch gekommen sind und bei fortbestehender Abstinenz der Familienerhalt gesichert ist, kann er von seinem erlernten Verhalten nicht mehr so einfach die Finger lassen. Er wird, obwohl es inzwischen unnötig geworden ist, vielleicht doch immer wieder Anerkennung über negative Aufmerksamkeit zu erzielen suchen. Vielleicht traut er dem Frieden nicht oder kann sich nur über heftige Auseinandersetzungen spüren. Auch Frau Üblich kann als langjährig im Alleinsein geschulte „Trümmerfrau" Schwierigkeiten haben, partnerschaftliche Bezogenheit zu leben. Unbeabsichtigt schiebt sie vielleicht ihren Mann bei familiären Entscheidungen immer wieder zur Seite und führt in gewohnter Weise das alte Regiment. So ist dann für einen gesunden Partner plötzlich gar kein Platz mehr an ihrer Seite vorhanden. Oder sie kommt gefühlsmäßig nicht weiter, erlebt sich vielleicht bei geringen Anlässen so verbittert und zornig wie in seinen schlimmsten Zeiten, steckt voller Vorwürfe und kann letztendlich nicht verzeihen. Immer wieder kommt sie dann von dem Weg eines gemeinsamen Neuanfangs ab und zwingt ihn wieder in die Rolle des schuldbeladenen Trinkers. Vielleicht fällt sie auch nur immer wieder in das alte Misstrauen und die alte Angst zurück. Obwohl er schon länger erfolgreich abstinent ist, gerät sie sofort wieder in Panik, wenn er nur eine Stunde später von der Arbeit nach Hause kommt oder sich gar alleine mit einem alten Freund treffen möchte. Bei seiner Rückkehr erwartet ihn dann vielleicht ein mürrisches Gesicht und statt eines Begrüßungskusses wird an ihm herumgeschnüffelt.

Eine weitere Art des Rückfalles, nämlich **der Versuch des „kontrollierten“ Trinkens**, hat schon viele abhängigkeitskranke Menschen in ihre zweite Therapie gebracht. Es handelt sich dabei zumeist um eine unvollständige Krankheitseinsicht, die den Betroffenen glauben lässt, er könnte irgendwann doch wieder in Maßen und wie jeder andere Alkohol zu sich nehmen. Wie schon an anderer Stelle beschrieben, scheint die Vorstellung des Kontrollverlustes so verletzend und schwer erträglich zu sein, dass sich auch nach einer stationären Therapie immer wieder heftiger Widerstand gegen jede Einsicht regt. Hat ein Betroffener seine Erkrankung noch nicht völlig akzeptiert und hadert immer wieder damit, hat er sich vielleicht noch kein umfassendes und tief gehendes Krankheitsverständnis erarbeitet oder aber fällt ihm einfach der endgültige Abschied vom Alkohol schwer, fällt er möglicherweise zurück in durch schlechte Erfahrungen längst überholte Ideen. Da bei dieser Art des Rückfalls das so genannte „alkoholfreie“ Bier oft eine Rolle spielt, geht es im zweiten der folgenden Beispiele auch darum.

Herr Berger, früh verwitwet und nach dem Auszug der Kinder allein stehend, war ein pflichtbewusster Beamter. Während seiner stationären Therapie hatte er von anderen Betroffenen viele Lebensgeschichten gehört und war darüber zunehmend ins Zweifeln gekommen, ob denn jemand wie er tatsächlich abhängigkeitskrank sein könne. Schließlich war er nie in irgendeiner Weise auffällig geworden, war stets pünktlich zur Arbeit erschienen und hatte seine Angelegenheiten immer aufs Beste geordnet.

Dennoch spürte Herr Berger an den langen Feierabenden und Wochenenden, dass ihm der Alkohol selbst und die lockeren Gespräche mit den Gästen seines Stammlokales fehlten. Schließlich waren Zweifel und innere Auseinandersetzung so heftig geworden, dass es ihn drängte, die Probe aufs Exempel zu machen. Bei einem Sonnntagsausflug bestellte er sich zu einem herzhaften Essen ein kühles Bier und trank es mit großem Genuss bis auf den letzten Tropfen aus. Nachdem das erste Hochgefühl vorüber war, schlich sich mulmige Besorgtheit darüber ein, ob er nun sofort zwanghaft weitertrinken müsste. In den nächsten Tagen beobachtete er sich sehr misstrauisch und stellte dann erleichtert fest, dass dies nicht der Fall war. Dieses Erlebnis bestärkte seine Zweifel an der Diagnose „Sucht“. Er beschloss, sich ab und zu ein Bier zu genehmigen. Über ein halbes Jahr funktionierte es auch tatsächlich mit einem recht mäßigen Konsum, wobei er allerdings feststellte, dass die Abstände zwischen dem Trinken immer kürzer wurden. Zudem registrierte er, dass er sich mehr und mehr gedanklich mit Alkohol beschäftigte und die innere Auseinandersetzung darüber, ob er nun und bei dieser Gelegenheit etwas trinken solle oder nicht, allmählich an seinen Nerven zerrte. Er fragte sich, ob der gelegentliche Genuss eines Bieres das alles überhaupt wert sei.

Herr Hausmann hatte sich schon während seines Therapieaufenthaltes dafür entschieden, sein früheres Stammlokal weiterhin zu besuchen. Er sagte sich, dass er genug über seine Abhängigkeit gelernt und im Übrigen einen so festen Willen zur Abstinenz habe, dass ihm das Lokal und die trinkenden Kameraden nichts ausmachen dürften. Schließlich könne er nicht einmal im Supermarkt dem Anblick von Alkohol ausweichen, also mache es für ihn überhaupt keinen Sinn, Trinksituationen fernzubleiben. Tatsächlich stimmte Herrn Hausmann einfach der Gedanke traurig, von seinem geliebten Stammtisch lassen zu müssen. Nach Therapieende bestellte er sich dort zunächst meistens einen Apfelsaft. Mit der Zeit wurden ihm das verständnisvolle Grinsen der Stammtischbrüder und ihre Witzeleien immer unangenehmer. Zudem machten ihn die kühlen, frisch gezapften Biere mit der prächtigen Schaumkrone, die die anderen vor sich stehen hatten, mehr und mehr an. Er sagte sich, dass es ihm schließlich nicht um den Rausch, sondern um den Geschmack ginge. Auch fühlte er sich als Außenseiter in seinem alt vertrauten Lokal irgendwie unwohl. Nach einigem Hin und Her entschloss er sich, deshalb gelegentlich ein alkoholfreies Bier zu bestellen. Erfreut stellte er fest, dass ihm dieses Bier zumindest einigermaßen schmeckte, dass es nach „richtigem“ Bier roch und aussah und er am Stammtisch mit dem Bierglas vor sich auch kaum noch auffiel. Da er das alkoholfreie Bier, das tatsächlich ja auch Alkohol in geringen Mengen enthielt, so gut vertragen hatte, fragte er sich natürlich nach einiger Zeit, ob er nicht gelegentlich auch ein normales Bier vertragen würde. Besonders hoch war die Schwelle ja nicht mehr.

Bei diesen fiktiven Fallgeschichten bahnte sich der Rückfall meist schon lange vor dem eigentlichen Trinken von Alkohol an. Dies ist auch in Wirklichkeit die Regel. Verschiedene Rückfallursachen und Voraussetzungen werden wir noch im Folgenden behandeln, trotzdem möchte ich auf einen Aspekt hinweisen, der praktisch immer zur Vorgeschichte eines Rückfalles gehört: **Das scheinbar harmlose Ausweiten und Verschieben von selbstgesetzten Grenzen.**

Merke:

Der Teufel ist ein Eichhörnchen! Und der Rückfall fängt mit vielen kleinen und unscheinbaren Verschiebungen an!

Der Betroffene hat irgendwann einmal seine Krankheit eingesehen und sich für Abstinenz entschieden. Er hat für sich herausgearbeitet, welche ungünstigen Lebensweisen seiner Suchterkrankung zugrunde liegen oder sie zumindest später aufrecht erhalten haben. Somit hat er sich im besten Fall mit einer ganz konkreten Planung auf seinen abstinenten Lebensweg begeben. In dieser Planung können kleinere oder auch umfassendere Veränderungen enthalten sein, beispielsweise der Kontakte, des Freizeitverhaltens oder auch des Umgangs mit den eigenen Gefühlen. Er hat in diesem Fall also klar vor Augen, was seiner langfristigen Abstinenz förderlich sein könnte und wo jeweils die Grenzen verlaufen, die er in Zukunft einhalten möchte. Nun können Wege aber lang sein, manchmal auch langweilig oder allzu mühsam, und über manche Strecken hinweg können Zweifel auftauchen, ob das Ziel dieses Weges tatsächlich so wünschenswert ist, wie es am Anfang erschien. Dies kann nun dazu führen, dass man an Vorsätzen und Planungen das eine oder andere zu ändern beginnt, zunächst vielleicht nur mit ganz kleinen Verschiebungen. Wenn man jedoch dort etwas verschiebt, an anderer Stelle ein wenig wegnimmt, woanders anfügt, dann hat sich über kurz oder lang mit vielen kleinen Drehungen und Wendungen plötzlich die Marschroute verändert, und statt auf seinem Wege befindet man sich auf einmal mitten im Sumpfgebiet.

Rückfallursachen

So wie es unterschiedliche Arten von Rückfällen gibt, gibt es auch nicht nur die eine einzige Rückfallursache. Es können sehr unterschiedliche Auslöser vorkommen je nach Mensch und Lebenssituation. Auffällig ist jedoch, dass gar nicht so oft schwerwiegende Ereignisse den Rückfall auslösen, sondern dass sich vielmehr ganz alltäglich und allmählich ein Problem oder auch nur Problemchen, ein Ärger und Kleinkram nach dem anderen aneinander reiht, bis dann irgendwann die persönliche Belastungsgrenze erreicht ist und der Mensch auf sein altes Verhalten, das Trinken, zurückgreift.

Ralf Schneider hat das in seiner „Suchtfibel" mit dem so genannten **Rückfall-Schwellen-Modell** beschrieben:

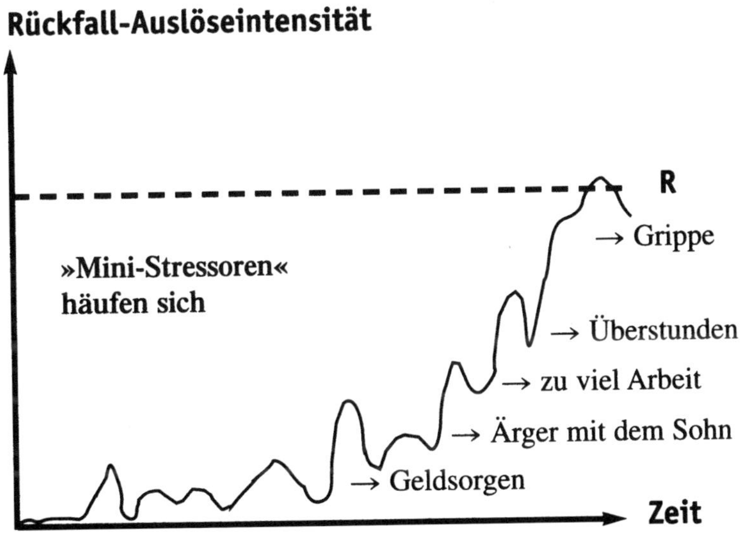

In diesem Diagramm ist mit R die „Rückfall-Auslöseintensität" bezeichnet, dies ist einfach die persönliche Belastungsgrenze eines Menschen, die je nachdem etwas niederer oder deutlich höher liegen kann. Niederer liegt diese Schwelle sicherlich, wenn einem abhängigkeitskranken Menschen sogenannte **Bewältigungsfertigkeiten** fehlen oder abhanden gekommen sind. Mit diesen Fertigkeiten sind alle jene Fähigkeiten und „Techniken“ gemeint, die wir benötigen, um mit Alltagsbelastungen, Kränkungen, kleineren und tiefergehenden Sorgen umgehen zu können. Auf diese werde ich später noch einmal kurz eingehen.

Wodurch wird ein Rückfall wahrscheinlich?

Wie gesagt: Rückfälle haben meist eine längere Vorgeschichte, auch wenn sie wie die berühmten Blitze aus heiterem Himmel erlebt werden. Der amerikanische Forscher Marlatt und andere Suchtexperten wie Joachim Körkel, die sich schwerpunktmäßig mit dem Thema Rückfälligkeit beschäftigt und dazu allgemein anerkannte Ergebnisse veröffentlicht haben, beschreiben das Problem kurz und prägnant. Nach ihren Erkenntnissen gibt es vier „optimale“ Voraussetzungen, um wirklich gute Chancen für einen Rückfall zu haben. Ich gebe diese im Folgenden leicht abgewandelt wieder (nach Marlatt 1985):

Vier optimale Voraussetzungen für einen Rückfall

1. **Ein unausgewogener Lebensstil ist ein gefährlicher Nährboden für Rückfälle.**
2. **Belastende Lebensereignisse oder das Aufsuchen bzw. Zulassen risikoreicher Situationen können die Abstinenz gefährden.**
3. **Die Abstinenz wird umso eher aufgegeben, wenn bei Belastungen keine geeigneten Bewältigungsfertigkeiten zur Verfügung stehen.**
4. **Negative Gedanken und Gefühle nach einem Ausrutscher fördern die Ausweitung des Alkoholkonsums.**

Gehen wir die einzelnen Punkte noch einmal ausführlicher durch:

1. Ein unausgewogener Lebensstil ist ein gefährlicher Nährboden für Rückfälle.

Ausgewogenheit kann für jeden natürlich etwas anders aussehen. Immer geht es dabei um ein gesundes Verhältnis zwischen Arbeit und Freizeit, Anspannung und Entspannung, anderen entgegenkommen und für sich selbst sorgen.

Dass ein Übermaß an Verpflichtungen, Stress und zeitlicher Einspannung gefährlich sein kann, ist sicher einleuchtend. Denn Alkohol wird ja gerade als Entspannungs- und Aufputschmittel, zur Belohnung und als Ersatz für andere Befriedigungen gerne eingesetzt. Dass umgekehrt auch ein Übermaß an Ruhe und Unterforderung belastend werden kann, erfahren in sehr unangenehmer Weise immer wieder Arbeitslose, Rentner oder auch nur Urlauber, die schon in der zweiten Woche am herrlichen Badestrand ihren „Rappel“ bekommen. Sowohl bei Anforderungen als auch in Beziehungen, sowohl bei Aktivitäten als auch in Hinsicht auf Muße und Ruhe kann es für jeden sein persönliches „Zuviel“ oder „Zuwenig“ geben.

Wie können Sie Ihren Angehörigen in dieser Hinsicht unterstützen?

Natürlich muss in erster Linie Ihr Angehöriger für sich selbst herausfinden, wie für ihn eine ausgewogene, befriedigende Lebensführung aussehen könnte. Auch die Umsetzung liegt zunächst in seiner Verantwortung. Trotzdem können Sie möglicherweise einiges beitragen, da Sie das Leben Ihres Angehörigen ja teilen. So muss an dieser Stelle nochmals betont werden, dass es gar nichts nützt, wenn Sie Ihren Angehörigen besonders schonen und ihn aus Verantwortungen heraushalten, denn damit erzeugen Sie vermutlich nur Unterforderung und Langeweile. Von einer von Überlastung und zu vielen Pflichten geprägten Alltagsgestaltung sind häufig ebenfalls beide Partner oder mehrere Familienmitglieder betroffen. Überlastungen können entstehen durch die Versorgung alter oder pflegebedürftiger Angehöriger, durch den hohen Einsatz in einem selbständigen Geschäftshaushalt, durch die doppelte Belastung in Beruf und Familie, vielleicht auch nur durch die Familienregel, dass man für alle da sein müsse.

Sie können Ihren Angehörigen also überall da unterstützen, wo Sie selbst involviert sind, wenn es um Veränderungen, Neuregelungen oder vielleicht auch Abgrenzung geht. Möglicherweise profitieren Sie sogar selbst davon, wenn Sie bereit sind, sich für einen ausgewogeneren Lebensstil einzusetzen!

2. Belastende Lebensereignisse oder das Aufsuchen bzw. Zulassen risikoreicher Situationen können die Abstinenz gefährden.

Es ist wahrscheinlich leicht verständlich, dass belastende und kritische Lebensereignisse die Abstinenz gefährden können. Wenn es zu Trennungen kommt, zu schwereren Erkrankungen von Angehörigen, gar zu Todesfällen oder dem Verlust von Arbeit und Existenz, kann ein Mensch schon einmal überfordert sein. Auch nicht-abhängige Personen greifen dann mitunter zu entlastenden Hilfsmitteln wie Alkohol und Medikamenten. Für einen abhängigen Menschen ist dieser Rückgriff natürlich noch nahe liegender, da er die wohltuenden Wirkungen nur zu gut kennt.

Dennoch scheinen schwerwiegende Ereignisse gar nicht so häufig zum Absturz zu führen. Ich vermute, dass dies mit der erhöhten Wachsamkeit des trockenen Alkoholkranken zu tun hat, der in besonderen Belastungssituationen seine erhöhte Rückfallgefährdung bewusst einkalkulieren wird. Er achtet dann möglicherweise viel bewusster auf sein Befinden, sucht Unterstützung und meidet vorausschauend Gefahren, so dass sein Rückfallrisiko damit wieder deutlich sinkt.

Riskant können deshalb viel häufiger die ganz alltäglichen Gefahrensituationen werden, gerade weil sie nicht genügend ernst genommen werden. Unter „risikoreichen" Situationen versteht man vor allem **alkoholnahe** Situationen. Viele Betroffene haben ein erstens unsinniges, zweitens kaum erreichbares Ziel vor Augen: Sie stellen sich vor, dass sie es schaffen müssten, zu Alkohol überall und jederzeit „Nein" sagen zu können, selbst wenn er ihnen ununterbrochen direkt vor die Nase gehalten würde. Dies zeugt aber eher von einem mangelnden Krankheitsverständnis und dem unvernünftigen Wunsch, den Alkohol doch noch kontrollieren zu können, als von Willenskraft. Da Rückfallgefährdung ein Teil der Erkrankung ist, kann ein sinnvoller Umgang mit der Erkrankung nur darin bestehen, **Abstand von Alkohol** zu halten.

Wie kann Abstand von Alkohol im Alltag gewahrt werden? Zunächst einmal dadurch, dass der Betroffene ohne falsche Scham oder verquere Ausreden dafür sorgt, dass er keinen Alkohol vorgesetzt bekommt. So sollte er zum Beispiel bei Feiern oder anderen geselligen Anlässen gleich klarstellen, dass er grundsätzlich keinen Alkohol trinkt. Nicht „Danke, jetzt gerade nicht …" oder „Mein Magen …", sondern klar und deutlich: „Ich trinke keinen Alkohol!" und es sollte für ihn im Bedarfsfall auch kein Problem sein, als Begründung die Alkoholkrankheit anzuführen. Nur so erspart er sich erneute Angebote oder peinliche Missverständnisse. Ebenso ist es selbstverständlich, als Alkoholiker im Restaurant oder Café nachzufragen, ob die ausgesuchten Speisen und Getränke Alkohol enthalten und diese dann zu vermeiden. Abstand zum Alkohol zu halten, geht aber noch weiter. Der Betroffene kommt bei tatsächlich ernst gemeintem Abstinenzwunsch nicht umhin, auch seine ganzen Beziehungen und Kontakte daraufhin zu überprüfen, wie weit sie für ihn rückfallgefährdend sein könnten. Dies kann notfalls bedeuten, dass er dem im Grunde geschätzten Schwiegervater oder einem langjährigen guten Freund klarmachen muss, ihn entweder nur unter bestimmten geschützten Bedingungen oder vorläufig gar nicht mehr sehen zu können. Ebenso muss der Alkoholkranke überprüfen, ob sein bisheriger Verein nicht eindeutig zu nass ist, ob es irgendeinen vernünftigen Grund für den weiteren Besuch seines Stammlokals gibt oder ob er vielleicht sogar alles daransetzen muss, um aus einem für ihn gefährlichen beruflichen Umfeld in ein anderes überwechseln zu können. Wie Sie sehen, können ernste Abstinenzabsichten Folgen haben für die persönlichen Beziehungen, die Freizeitgestaltung oder das berufliche Umfeld.

Entscheidend für die eigene Sicherheit kann auch der Umgang mit Alkohol im eigenen häuslichen Umfeld werden. Natürlich kann man als Partygast seinen Gastgebern nicht vorschreiben, dass sie nur Alkoholfreies anbieten dürften. Natürlich kann man Läden, in denen man üblicherweise einkauft, nicht vorschreiben, Alkohol aus ihren Regalen zu verbannen. Das wäre auch absurd. Aber zumindest in den eigenen vier Wänden sollte man bestimmen können. Ich kann mir keinen vernünftigen Grund vorstellen, weshalb ein Mensch ausgerechnet einen Stoff, der ihn umbringen kann, besorgen, in seiner Wohnung aufbewahren und anderen anbieten sollte. Zudem sollte gerade das eigene Zuhause der Schutzraum sein, in den man sich vor irgendwelchen Suchtdruck auslösenden Situationen gefahrlos flüchten kann.

Wie Sie Ihrem Angehörigen in dieser Hinsicht helfen können:

Wenn Ihr Angehöriger für sich eingesehen hat, dass Ihr Zuhause sinnvollerweise eine alkoholfreie Sicherheitszone sein sollte, dann benötigt er dafür natürlich Ihre Einwilligung und Unterstützung. Vielleicht fällt Ihnen dies sehr schwer und Sie haben wieder einmal das Gefühl, für seine „Fehler" mitbezahlen zu müssen. Aber überlegen Sie sich bitte, ob er diesmal nicht tatsächlich mit einer sinnvollen Bitte an Sie herangetreten ist. Stellen Sie sich auch die zahlreichen schwierigen Situationen vor, wenn Alkohol von vorneherein im Hause ist: Wie oft werden Sie misstrauisch sein, ob er nicht doch etwas davon getrunken hat? Ist es tatsächlich sinnvoll, wenn Sie selbst vor den Augen Ihres schließlich suchtkranken Angehörigen genüsslich Ihr Glas Wein oder ein kühles Weizen trinken? Müssen Sie Ihren Gästen denn unbedingt etwas Alkoholisches anbieten, damit ein Besuch angenehm und gemütlich abläuft? Wenn es Ihnen sehr schwer fällt, den Alkohol aus Ihrem häuslichen Umfeld zu verbannen, dann sollten Sie vielleicht doch einmal nach Gründen für diesen inneren Widerstand suchen. Kann es sein, dass Sie sich einfach nach wie vor schämen wegen der Alkoholkrankheit Ihres Angehörigen und vor Freunden und Verwandten diese Tatsache weiterhin verschleiern möchten? Oder geht es dabei mehr um eine trotzige Unwilligkeit, in der noch der ganze Zorn und die Verbitterung der vergangenen Jahre enthalten sind? Oder aber: Können Sie sich vielleicht selbst viele Situationen kaum ohne Alkohol vorstellen und haben im Grunde auch schon Mühe, darauf zu verzichten?

Zusammengefasst können Sie Ihren Angehörigen sehr wohl unterstützen, genügend Sicherheitsabstand zum Alkohol zu halten. Sie können ihn ermutigen, offen zu seiner Erkrankung zu stehen und Alkohol unmissverständlich abzulehnen, und Sie können ihn unterstützen, indem Sie seine verschiedenen Sicherheitsmaßnahmen akzeptieren, auch wenn Sie Ihnen persönlich manchmal missfallen. Vielleicht müssen Sie den einen oder anderen Besuch dann in Zukunft alleine machen oder auf bestimmte Kontakte ebenfalls verzichten.

Vielleicht müssen Sie hinnehmen, dass er eine für Sie tolle Party vorzeitig verlässt, weil es für ihn zu gefährlich geworden ist. Sie können sich dann natürlich auch entscheiden, alleine weiter zu feiern. Am wichtigsten wird, wie oben geschildert, Ihre Akzeptanz und Unterstützung aber gerade im häuslichen Bereich sein. Hier sind Sie mitbetroffen, je nachdem wie Sie mit Ihren eigenen Trinkgewohnheiten umgehen, wie Sie Ihre Gäste bewirten, aber auch wie Sie die Mahlzeiten zubereiten.

3. Die Abstinenz wird umso eher aufgegeben, wenn bei Belastungen keine geeigneten Bewältigungsfertigkeiten zur Verfügung stehen.

Belastungen verschiedenster Art gehören zu jedem Leben dazu und werden auch auf den trockenen Alkoholiker unumgänglich zukommen. Bei der Erläuterung des Rückfall-Schwellen-Modelles wurde bereits erwähnt, dass es häufig erst die Ansammlung verschiedener, einzeln eigentlich ganz banaler Stressfaktoren sein kann, die zu einem Rückfall führt. Damit es gar nicht erst zu solchen Ansammlungen kommen kann, benötigen wir alle verschiedene Bewältigungsfertigkeiten. Für den Abhängigkeitskranken ist die Entwicklung dieser Fertigkeiten aber umso wichtiger, da er dadurch Alkohol als Hilfsmittel immer wieder überflüssig machen kann. Zu den wichtigen Bewältigungsfertigkeiten in Alltagssituationen gehört, dass jemand sich abgrenzen und konsequent „Nein" sagen kann. Zu den Bewältigungsfertigkeiten gehört auch, dass man sich bei anderen Menschen Entlastung, Rat und Unterstützung holen kann, ohne sich dabei schwach und unfähig zu fühlen. Wichtig ist auch, sich selbst immer wieder beruhigen und ermutigen, trösten und auch auf andere Gedanken bringen zu können. Je nachdem kann es auch wichtig sein zu lernen, wie man mit seiner Energie, seinem Zeitbudget, seinem finanziellen Rahmen so maßvoll umgehen kann, dass man sich selbst nicht in Schwierigkeiten hineinmanövriert. Zu den wichtigsten Bewältigungsfertigkeiten gehört aber auch, die eigenen Bedürfnisse wahrzunehmen, sie klar formulieren und anderen gegenüber in angemessener, aber auch deutlicher Weise vorbringen zu können.

Wie können Sie Ihrem Angehörigen in dieser Hinsicht helfen?

Sie können Ihren Angehörigen unterstützen, indem Sie sich selber gegen die familiäre Sprachlosigkeit wehren. Wenn auch Sie bereit sind und dazu beitragen, dass es in der Familie eine konstruktive Streitkultur geben darf, dass man unterschiedliche Meinungen respektieren und um für alle Seiten befriedigende Kompromisse ringen darf, dann tragen Sie sicherlich bei zu einer Verbesserung der Beziehungen für alle Beteiligten.

Wenn Sie die Nachsorge des Betroffenen unterstützen, vielleicht sogar selbst mitgehen zu seinen Gruppenabenden, ist auch dies eine wichtige Hilfe.

4. Negative Gedanken und Gefühle nach einem Ausrutscher fördern die Ausweitung des Alkoholkonsums.

Sie sollten wissen, dass Gedanken, Gefühle und innere Einstellung des Betroffenen nach einem einmaligen Ausrutscher dafür verantwortlich sind, ob trotzdem der abstinente Weg beibehalten wird oder ob es zu einem anhaltenden Rückfall kommt.

Joachim Körkel und andere Rückfallexperten kamen zu folgenden Ergebnissen, die hier gekürzt wiedergegeben werden sollen:

- ☐ Gefährlich ist die innere Einstellung, dass es einem mit Alkohol besser ergehen würde und dass man zumindest bestimmte Probleme ohne Alkohol kaum würde bewältigen können.
- ☐ Gefährlich ist die Überzeugung, dass man nach dem ersten Schluck die Kontrolle über den Alkohol gänzlich verloren hätte: „Es ist wieder so weit!“ und „Jetzt ist alles aus!“ Selbstsabotage betreibt man auch durch die Überzeugung, dass ein Ausrutscher die eigene Abstinenzunfähigkeit endgültig beweisen würde: „Ich kann es einfach nicht lassen und werde es wohl nie können.“
- ☐ Sehr gefährlich und extrem behindernd können auch die zermürbenden Schuld- und Schamgefühle sein sowie Selbstvorwürfe, weil man trotz fester Vorsätze wieder schwach geworden sei.

Es scheint mir recht logisch, dass ein abhängigkeitskranker Mensch mit diesen Vorstellungen, Erwartungen und Gefühlen die eigene Abstinenzmotivation ebenso wie den Glauben an sich selbst beständig untergräbt und sabotiert. Kein Sportler würde sich vor einem wichtigen Wettkampf lang und breit einreden, dass er ja doch nichts erreichen werde.

Ausgesprochen gefährliche innere Abläufe sind die alten Schuld- und Schamgefühle, die sogar bei langjährig trockenen Alkoholikern und bei einem kurzfristigen Rückfall so heftig und lähmend wie in alten Zeiten auftreten können. Selbst Personen, die im Kopf mit einem ganz konkreten Rückfallkonzept umhergegangen sind und anderen Rückfälligen in ihrer Selbsthilfegruppe beispielhaft helfen konnten, finden sich mitunter gefühlsmäßig nach einem Rückfall wieder in der längst abgelegt geglaubten Verfassung wieder. Da man in dieser Verfassung sehr schnell dahin tendiert, wieder zu verschweigen und abzustreiten, ein Doppelleben zu führen und alle Möglichkeiten ungenutzt zu lassen, sollten diese destruktiven Gefühle so schnell wie möglich gestoppt werden.

Ein gefährlicher Gedanke ist auch der immer noch sehr verbreitete, früher in Therapien und Selbsthilfegruppen felsenfest vermittelte Glaube, dass der erste Schluck Alkohol, ja der erste Tropfen den völligen Kontrollverlust auslösen und den Abhängigen in die Katastrophe stürzen würde.

Der **Mythos vom Kontrollverlust nach dem ersten Schluck** ist jedoch längst widerlegt. Bei der Definition des Rückfalles habe ich zuvor schon betont, wie wichtig es ist zu unterscheiden, ob jemand tatsächlich bei aller Vorsicht aus reinem Versehen oder aber willentlich beziehungsweise bewusst fahrlässig in den Kontakt mit Alkohol gekommen ist. Die Gefahr hat nicht einfach mit dem ersten Schluck zu tun, sondern damit, ob eine einmal gesetzte innere Grenze gegenüber dem Alkohol verschoben wurde oder nicht. Der Mythos vom totalen Kontrollverlust, der schon nach ein paar Tropfen und zwar auf der körperlichen Ebene ausgelöst wird, hat vermutlich weniger abgeschreckt und zum Trockenbleiben verholfen, als dass er geschadet hat. So wie es aussieht, werden doch recht viele Alkoholabhängige, die jedoch langfristig Abstinenz schaffen, irgendwann rückfällig. Sie haben einen „Ausrutscher“, der noch gut gestoppt werden könnte. An diesem Punkt hängt es nun davon ab, ob die betreffende Person dies als Ausrutscher ansieht, aber dennoch am Ziel der Abstinenz festhält und auch weiterhin an die eigene Abstinenzfähigkeit glaubt. Oder aber ob die rückfällige Person nun überzeugt ist, dass damit alles vorbei ist und die

Dinge ihren unaufhaltsamen Lauf nehmen werden. Es ist wohl klar, dass gerade die Überzeugung, es nicht zu schaffen, der rückfälligen Person helfen wird, in diesem Rückfall tatsächlich hängen zu bleiben.

Es ist also wichtig, von dieser alten Vorstellung Abschied zu nehmen und sich immer wieder klar zu machen, dass man auch nach einem Ausrutscher noch seine Handlungs- und Kontrollfähigkeit behält, diese aber auch nutzen muss.

Wie können Sie Ihren Angehörigen in dieser Hinsicht unterstützen?
Ein Rückfall ist zwar durchaus eine ernste Angelegenheit mit raschem Handlungsbedarf. Dennoch sollten Sie sich selbst zunächst einmal klar machen, dass ein Rückfall Ihres Angehörigen noch nichts darüber aussagt, wie es nun weitergehen wird. Sie können ihm helfen, indem Sie selbst nicht in Panik geraten, dies nicht als böse Absicht oder große Enttäuschung ansehen, sondern Ihre Bereitschaft zu einem offenen Gespräch und zu weiterer Unterstützung in Richtung Abstinenz signalisieren. Bei Ihrer Bereitschaft, den Angehörigen zu unterstützen, sollten Sie aber auch auf Ihre eigene Rückfallgefährdung in co-abhängige Hilfeleistungen achten. Wenn Ihr Angehöriger rückfällig ist, sollten Sie ihn deshalb trotzdem nicht mit irgendwelchen Ausreden bei seinem Vorgesetzten entschuldigen, gegenüber Freunden, Verwandten oder gar in der Selbsthilfegruppe wieder in solidarischer Peinlichkeit schweigen, noch sollten Sie in irgendeiner anderen Weise das Trinken unterstützen. Vielleicht schämt sich Ihr Angehöriger so, dass er Ermutigung braucht, um in seiner Gruppe zu reden oder zu seinem Hausarzt zu gehen. Vielleicht würde ihm ein spontaner Kurzurlaub zusammen mit Ihnen helfen, um auf andere Gedanken zu kommen und wieder zu sich selbst zu finden. Das können Unterstützungen in Richtung Abstinenz sein, vor denen Sie sich nicht zu scheuen brauchen. Sie sollten allerdings auch weiterhin Ihre eigenen Belastungsgrenzen beachten und sich selbst ruhig auch Unterstützung holen.

Was tun?

1. Ein Ausrutscher kommt nicht von alleine zum Stillstand!
   Der Abhängige muss dafür **aktiv** und vor allem **rasch** etwas unternehmen.

   Er muss sich schleunigst aus der Gefahrenzone begeben!

   Er muss gleich mit jemandem reden! Zum Beispiel mit seiner Familie, seinen Freunden oder er telefoniert mit jemandem aus der Selbsthilfegruppe. Nur so entwickeln sich erst gar **keine Schamgefühle und Verheimlichungstendenzen.** (Telefonnummern der Selbsthilfegruppe nutzen usw. = Scham + Abwehrmechanismen sofort aushebeln!)

   Der Betroffene muss allein und im Gespräch eine Bestandsaufnahme machen:

- ☐ Was waren Rückfallgründe?
- ☐ Wie geht es ihm **jetzt**? Wo, wann und wodurch ist er heute und in den nächsten Tagen weiterhin gefährdet?
- ☐ Was kann er tun und welchen Beistand kann er sich von anderen holen, um diese Gefahren abzuwenden?
- ☐ Wie kann er ganz **konkret seine nächsten Tage planen**?

2. Die regelmäßige Teilnahme an **Selbsthilfegruppen / ambulanter Therapie** reduziert das Rückfallrisiko markant und erhöht die Chance ebenfalls ganz deutlich, sich nach einem Ausrutscher rasch wieder zu stabilisieren. Zum Vergleich: Die Chance dauerhafter Abstinenz steigt bei Männern nach Therapie und mit Nachsorgegruppe auf über 70, fast 80%. Ohne Nachsorge beträgt sie weniger als 50% (nach Küfner, Feuerlein, Hübner 1988).

Der Rat, sich **so schnell wie möglich** aus einer Situation zu **entfernen,** in der Suchtdruck aufkommt oder gar ein Rückfall passiert ist, beruht auf folgender Überlegung:

Da wir keine besonders einfach gestrickten Lebewesen sind, haben wir eigentlich immer die berühmten zwei Seelen in unserer Brust. Trinkt also jemand in abhängiger Weise, wünscht er sich meist gleichzeitig aufzuhören.

Hat er jedoch aufgehört, feilscht er insgeheim in einem letzten Winkel seines Herzens immer noch mit dem Trinken. Diese zwei Seiten sind meist ungleich stark. In der nassen Zeit überwiegt der Wunsch zu trinken. Bei bestehender Abstinenz überwiegt in der Regel die andere Seite. Wenn Suchtdruck entsteht, wächst aber die trinkwillige Seite sehr schnell heran. Unerträglich wird die Situation, wenn in den Gedanken und Gefühlen des Betroffenen beide Seiten gleich stark sind und eine zermürbende Diskussion darüber führen, ob nun getrunken werden soll oder nicht. Dies ist so anstrengend und quälend, dass es ihn schließlich zu irgendeiner Entscheidung drängt, nur um dieses Hin und Her in seinem Kopf zu beenden. Ist er zu lange in der riskanten Situation geblieben, starrt er vielleicht das Bierglas des Tischnachbarn schon minutenlang wie hypnotisiert an, dann kann die Entscheidung leicht für das Trinken ausfallen. Hat er sich erst einmal zu lange auf diesen inneren Dialog eingelassen, kann er sich oft erst durch den Rückfall wieder daraus befreien. Also ist es allemal besser, abzubrechen und sich tatsächlich auch räumlich in Sicherheit zu bringen, bevor diese zwei Stimmen in ihm zu ausführlich miteinander diskutieren. Hier wird nochmals ganz deutlich, wie wichtig ein alkoholfreies Zuhause als sicherer Rückzugsort ist.

Der nächste Punkt betrifft die Aufforderung, **gleich** nach dem Rückfall oder auch nur bei Suchtdruck **mit jemandem zu reden**. Genau das machen rückfällig gewordene Abhängige oft nicht. Sie „hirnen" hin und her über die Enttäuschung, die sie den Angehörigen bereiten, über die negativen Konsequenzen bei der Arbeit und fragen sich lieber hundertmal, was denn dabei überhaupt herauskommen soll. Trotz aller Bedenken sollten sie es aber unbedingt tun!

Seit Jahrzehnten unterstützen Selbsthilfegruppen ihre Mitglieder darin, trocken zu bleiben oder nach Rückfällen wieder trocken zu werden. In solchen gut funktionierenden Gruppen hat jeder für den Notfall eine Liste mit Telefonnummern seiner Gruppenmitglieder im Portemonnaie und somit überall dabei.

Das rasche Reden mit anderen Personen ist eine Vorgehensweise, die mehrere Fliegen mit einer Klappe schlägt. Zum einen holt sich der rückfallgefährdete Betroffene damit ganz konkrete Unterstützung. Mit Suchtdruck allein zu sein, ist ausgesprochen widerwärtig. Mit Leuten zu reden und einfach eine Zeit lang beisammen zu sein, die um die Erkrankung und die aktuelle Not wissen, senkt die Gefahr schon wesentlich. Allein ihre

Anwesenheit nützt schon, um zumindest in diesen Stunden nicht zu trinken und damit wieder Abstand herzustellen.

Die zweite Fliege, die mit derselben Klappe erwischt wird, sind die vermaledeiten Schuld- und Schamgefühle. Im Grunde macht er sich einen einfachen und alten Trick zunutze, wenn er so schnell wie möglich mit jemandem über seinen Suchtdruck oder seinen Rückfall redet: Hat er den Vorfall erst einmal „ausgespuckt“, dann können die Schamgefühle und das schlechte Gewissen sich gar nicht mehr so phantastisch auswachsen. Auch für den Einsatz aller möglichen Abwehrmechanismen ist es dann im Handumdrehen zu spät geworden. Hat man erst einmal über seinen Rückfall gesprochen, kann man ihn nicht mehr verdrängen oder verheimlichen, um sich dann hinterher auch noch für seine Lügen zu schämen. Hat man so Scham- und Schuldgefühle sowie die Abwehrmechanismen gleich am Anfang gekappt, können sie sich nicht zu Monstern auswachsen, die einen lähmen und handlungsunfähig machen.

Die **Bestandsaufnahme** ist wichtig und sollte durchgeführt werden, sobald er in Sicherheit ist und mit anderen Kontakt aufgenommen hat. Wenn er versucht, den Anfang seiner Rückfallkette herauszufinden – die unausgewogene Lebenssituation, unverdaute Kränkungen und Rückzug statt Umgang damit, Überforderung und zu hoher Erwartungsdruck oder was auch immer –, findet er damit möglicherweise schon die Bedingungen, die er so bald wie möglich in seiner aktuellen Lebenssituation verändern sollte. Dabei kann er auch überprüfen, wo er wenig achtsam und sorgfältig mit sich umgegangen ist, seine Gefühle und sein Befinden übergangen, sich einfach nicht genügend ernst genommen haben könnte. Nach dem Blick zurück und der Vorschau auf notwendige Änderungen in nächster Zukunft sollte er die Gegenwart beachten, schließlich ist das erste Ziel dieser Akutsituation, den Schaden zu begrenzen und diesen Vorfall nicht zu einem schweren Rückfall ausarten zu lassen.

Für die Gegenwart und die gegenwärtige Schadensbegrenzung ist es notwendig, offen und sehr genau das eigene Befinden wahrzunehmen. Wie steht es um die aktuelle Rückfallgefährdung? Ist der Druck nach dem Hinauslaufen aus dem Lokal im Grunde schon völlig vergangen oder ist der Betroffene auch jetzt noch gefühlsmäßig durcheinander, schwankend und immer wieder von Gedanken und Bildern bedrängt, die sich um das Trinken drehen? Wird er in den nächsten Tagen alleine sein und fühlt sich bei diesem Gedanken nicht ganz sicher, gibt es anderweitige belastende

Situationen, für die er Unterstützung gebrauchen könnte? Wenn er einschätzt, wo und wann und aus welchen Gründen es heute und in den nächsten Tagen wieder schwierige Situationen für ihn geben kann, dann wird er imstande sein vorzubeugen und zu planen. Bei Rückfallgefährdung ist eine konkrete Tages- und Wochenplanung, die wenig Freiraum und Freizeit für Rückfallmöglichkeiten bietet, sehr sinnvoll. Hat er dadurch erst einmal wieder Abstand geschaffen zu der Gefahr, dann geht es schon wieder viel einfacher weiter. Manchmal nützen auch ganz kreative Einfälle, um wieder auf den gewünschten Weg zu kommen. Warum sich zum Beispiel nach einer schief gelaufenen Woche nicht ein verlängertes Wochenende an einem schönen Ort gönnen? Aber auch dies erst, nachdem über den Rückfall gesprochen worden ist!

Punkt zwei handelte von dem Vorteil, den die regelmäßige Teilnahme an **Selbsthilfegruppen** oder an anderweitiger **Nachsorge** bietet.

Die so genannte „Nachsorge" nach einer Entgiftung oder stationären Therapiemaßnahme kann auf verschiedene Weise stattfinden. Eine Möglichkeit ist, je nach seelischem Zustand eine ambulante Therapie, das heißt die Behandlung bei einem niedergelassenen Psychotherapeuten, durchzuführen. Je nach Krankheitsbild kann diese Behandlung von der Krankenkasse übernommen werden. Eine andere Möglichkeit besteht darin, sich an den zahlreichen Suchtberatungsstellen eine regelmäßige Betreuung zu sichern. Die verbreiteteste Form der Nachsorge besteht darin, sich einer Selbsthilfegruppe aus der näheren Umgebung anzuschließen. Da es zahlreiche Selbsthilfegruppen bis in die entlegensten Regionen gibt, sollte eigentlich jeder eine Gruppe finden können, in der er sich wohl und unterstützt fühlt. Es ist sinnvoll, sich mehrere Gruppen anzusehen und sich erst dann zu entscheiden, da der stabilisierende Effekt nur durch eine regelmäßige und jahrelange Teilnahme erzielt wird.

In diesem Fall ist die Auswirkung aber beachtlich. Wie bereits gesagt, steigen die Chancen auf eine dauerhafte Abstinenz mit der Teilnahme an einer Selbsthilfegruppe enorm, nämlich von weniger als 50 % auf fast 80 %. Dies hat vor allem auch damit zu tun, dass ein Gruppenteilnehmer im Fall von Suchtdruck oder gar Rückfälligkeit schon ein unterstützendes Netz von Leuten aufgebaut hat, das ihn im Bedarfsfall auffangen kann.

Der Einsatz für diese Nachsorge ist eigentlich gering. Wenn man davon ausgeht, vielleicht zwei Stunden plus Wegzeiten in der Woche für die massive Steigerung der Abstinenzchancen einzusetzen, dann ist das eigentlich nichts. Vor allem nichts im Vergleich mit den vielen Stunden, die bereits der Flasche oder irgendwelchen Tresenschwafeleien geopfert wurden.

Faustregeln für ein gesundes (Zusammen-)Leben jenseits der Sucht

1. Alle Beteiligten gewinnen mit einem ausgewogenen Lebensstil ein neues Stück Lebensqualität.
2. Offene, gute und konfliktfähige Beziehungen stärken das Selbstwertgefühl von allen Beteiligten und vermitteln Sicherheit.
3. Der Anfang aller Vorsorge ist die Nachsorge.
   Die regelmäßige und jahrelange Teilnahme an einer Gruppe eröffnet für abhängige und co-abhängige Familienmitglieder alle Möglichkeiten zu Kontakt, Hilfe und bewusster, vorsorgender Lebensgestaltung.
4. Alle Beteiligten sollten sich mit ihren Gefühlen und ihrem Befinden ernst nehmen und sich zu Hause oder in der Gruppe immer wieder damit beschäftigen. Negative Gefühle sind wichtige Rückfallvorläufer.
5. Es sollte immer einen angemessenen Sicherheitsabstand zum Alkohol geben!

Literaturverzeichnis

Arenz-Greiving, Ingrid / Helga Dilger: Elternsüchte – Kindernöte. Lambertus Verlag, Freiburg 1994.

Dr. med. Martin Beutel, Kraichtal-Kliniken, Therapiezentrum Münzesheim, 76703 Kraichtal, erschienen als Sonderdruck im Georg Thieme Verlag unter dem Titel „Suchttherapie, Rehabilitation suchtkranker älterer Patienten“

Deutsche Hauptstelle gegen die Suchtgefahren in Hamm, Zahlenmaterial aus Tagespresse und Veröffentlichungen von 8/98.

Franke, Alexa u. a.: „Alkohol- und Medikamentenabhängigkeit bei Frauen“. Juventa Verlag 2001.

Jellouschek, Hans: Der Froschkönig. Ich liebe dich, weil ich dich brauche. Kreuz Verlag, Zürich 1985.

Jellouschek, Hans: Die Froschprinzessin. Wie ein Mann zur Liebe findet. Kreuz Verlag, Zürich 1989.

Prof. Dr. Michael Klein: Kath. Fachhochschule Nordrhein-Westfalen, Köln. Vortrag 17.6.2003 beim 16. Heidelberger Kongreß des Fachverbands Sucht e.V.

Körkel, Joachim (Hrsg.): Rückfall muss keine Katastrophe sein. Ein Leitfaden für Abhängige und Angehörige. Blaukreuz Verlag, Wuppertal [3]1996.

Kröger, Friedebert: Familiäre Interaktion bei Suchtkranken. Eine empirische Studie zum Interaktionsverhalten in Alkoholkranken- und Essstörungsfamilien. VAS-Verlag für Akademische Schriften, Frankfurt 1994.

Küfner, H. / W. Feuerlein / M. Huber: „Die stationäre Behandlung von Alkoholabhängigen: Ergebnisse der 4-Jahres-Katamnese.“ In: Suchtgefahren 34/1988, S. 157–272.

Dipl.-Psychologin Hilde Lutz, Fachklinik Birkenbuck-Kandertal, 79429 Malsburg-Marzell, verschiedene Veröffentlichungen zum Thema seit der Initiative des Landes Baden-Württemberg „Sucht-Prophylaxe im Alter“.

Marlatt, G. A.: Relaps prevention: Maintenance strategies in the treatment of adictive behaviors. Guilford, New York 1985.

Marx-Kernen, Cordula: Haus der Diakonie, Theodor-Kaiser-Str. 33/1, 71332 Waiblingen, ebenfalls in „Alkohol und Medikamente …“, Lambertus Verlag.

Rennert, Monika: Co-Abhängigkeit. Was Sucht für die Familie bedeutet. Lambertus Verlag, Freiburg 1990.

Schmidt, Gunther: Beziehungsmuster und Glaubenssysteme bei Kindern von Suchtpatienten – eine systemische Betrachtung. In: Brakhoff, Jutta (Hrsg.): Kinder von Suchtkranken – Situation, Prävention, Beratung und Therapie. Lambertus Verlag, Freiburg 1987.

Schneider, Ralf: Die Suchtfibel. Informationen zur Abhängigkeit von Alkohol und Medikamenten für Betroffene, Angehörige und Interessierte. Schneider Verlag Hohengehren, Baltmannsweiler [13]2001.

Schneider, Annerose / Sylvia Berke: „Kinder von drogenabhängigen Eltern“; Drogenmagazin, Schweizer Zeitschrift für Suchtfragen, 9/94

Prof. Uchtenhagen & Zieglgänsberger: Suchtmedizin, S. 27–35, Urban & Fischer.

Dipl.-Psychologe Reimund Witt, Salus-Kliniken, 61381 Friedrichsdorf, veröffentlicht in „Alkohol und Medikamente, Mißbrauch und Abhängigkeit im Alter". Lambertus Verlag

Prof. Dr. Jochen Wolffgramm: Sucht aktuell 3/2003.

Prof. Zieglgänsberger u. a.: Focus 20/2001 „Teuflische Erinnerungen".

Adressen der Suchthilfe

DHS Deutsche Hauptstelle für Suchtfragen e.V.
Westring 2
59065 Hamm
Tel. 02381/9015-0
Internet: www.dhs.de

GVS Gesamtverband für Suchtkrankenhilfe im Diakonischen Werk der Evangelischen Kirche in Deutschland e.V.
Altensteinstraße 51
14195 Berlin
Tel. 030/84312355

– Deutscher Caritasverband
Referat Basisdienste und Besondere Lebenslagen
Karlstraße 40
79104 Freiburg i. Breisgau
Tel. 0761/200-368/675

– Fachverband Sucht e.V.
Walramstraße 3
53175 Bonn
Tel. 0228/261555
Internet: www.sucht.de

Al-Anon Familiengruppen und Alateen
Emilienstr.4
45128 Essen
Tel. 0201/773007
Internet: www.al-anon.de

Anonyme Alkoholiker (AA)
Landwehrstraße 9
80336 München
Tel. 089/555685 oder 089/19295
erreichbar von 19.00 bis 22.00 Uhr

Blaues Kreuz in der Evangelischen Kirche
Bundesverband e.V.
Märkische Str. 46
44141 Dortmund
Tel. 0231/5864132
Internet: www.blaues-kreuz.org

Blaues Kreuz in Deutschland e.V.
Freiligrathstr. 27
42289 Wuppertal
Tel. 0202/62003-0
Internet: www.blaues-kreuz.de

Freundeskreise für Suchtkrankenhilfe
Bundesverband e.V.
Untere Königsstraße 86
34117 Kassel
Tel. 0561/780413
Internet: www.freundeskreise-sucht.de

Guttempler in Deutschland
Adenauerallee 45
20097 Hamburg
Tel. 040/245880
Internet: www.guttempler.de

Kreuzbund e.V.
Münsterstraße 25
59065 Hamm
Tel. 02381/67272-0
Internet: www.kreuzbund.de

Raum für Notizen

Raum für Notizen

Raum für Notizen

Raum für Notizen

Raum für Notizen